FUTURE

FUTURE

卜卦全占星

【全新增修版】

HORARY ASTROLOGY

希斯莉 Cecily Han ——— 著

目　錄

───── 推薦序 ─────
精妙玄奇的卜卦占星

　　卜卦占星學（Horary Astrology）發展的歷史甚爲久遠，幾乎併隨著本命（Natal）、時事（Mundane）及擇日（Electional）等領域的占星學，爲人們所利用。從Horary的字義與時間（Hour）有關，應知卜卦的精神源自時刻，即每當心中有所疑惑，無法從本命盤推知，即可藉由問事時刻起盤。相當奇妙的是，只要問事者心誠，當時天空星象便會呼應問題的本質，由熟練的占星師給予解答，供問事者參考，是甚佳的決策工具。最能解釋這種令人嘖嘖稱奇的呼應，當屬二十世紀分析心理大師容格（Carl. Jung, 1875-1961）所提的「同時性原理」（Theory of Synchronicity）來說明最爲恰當。

　　「當事件並不具有因果上的關係，但卻彼此具有相同或相似的意義。」[①] 當時天空星象與問題本質並不具有因果上的關連，但透過問事時刻星盤的演繹，卻彼此具有相同或相似的意義，故占星師得以解答問事者的疑惑。

　　十七世紀英國最負盛名的占星家威廉‧里利（William Lilly, 1602-1681）所寫的名著《基督徒占星學》（*Christian Astrology*）共三冊，其中第二冊根據第一冊的基礎及法則，建構甚爲完整的卜卦占星學內

容。他廣泛蒐集希臘化時期、阿拉伯時期、文藝復興時期等占星學重要
典籍，加以融會貫通，有條理地針對每一後天宮位常被詢問的事項，逐
一敍述相關可能的吉凶法則，附上古代先賢流傳的箴言，並佐以實例論
證。最難能可貴的是，問題本質及可能演變，都鉅細靡遺地點出其來龍
去脈。現今當代知名的卜卦占星家，如已故的占星家奧莉薇亞‧巴克蕾
（Olivia Barclay, 1919-2001）及她的徒子徒孫：Carl. A. Wiggers、
Sue Ward、Lee Lehman、Deborah Houlding、John Frawley、
Maurice McCann、Barbara Dunn、David Plant、Anthony Louis，和
其他研習古典占星學的人，無不受惠於這本鉅著。敝人所開的卜卦占星
學課程就以整理該書的精華，參酌跟其研習的Henry Coley的著作作爲
授課內容，七年來已培養幾位卜卦占星的好手，頗爲欣慰。Cecily是其
中的佼佼者，認眞殷勤地實證，遂能深入堂奧。

　　當二十世紀中葉吹起現代心理占星學的新浪潮，極爲嚴厲地批判
古典占星的宿命觀點，及事件判斷的不是，但一些批判者甚至未曾深入
古典占星典籍，一味盲從附和搖旗吶喊者居多，或視這些典籍爲洪水猛
獸，不願觸及。殊不知，二十世紀末ARHAT②，重新整理一些重要占星
書籍，發現古典占星技巧有許多準驗之處。拜占星軟體的功能強大，網
路、部落格、臉書的興起，以古典占星學爲判斷基礎的職業占星家日益
增多，顯見它的技巧經得起考驗，其中卜卦占星學絕對是諮商的一大利
器。可惜某些研習現代心理占星的人，常囿於錯誤古典占星的價值，而
無法親炙它的實用。

　　古典占星學四大科的基礎內容和判斷法訣幾乎相通，如能從卜卦或

擇日著手,較易奠定完整的基礎。尤其是卜卦,可隨時驗證,更能體悟法訣的應用。卜卦著重單一事件的解答,不若本命整盤論斷的繁複,故要掌握它的精髓並非難事。當各宮事項的判斷能靈活運用,自然而然地整盤論述就能　通。

　　除此之外,卜卦占星學應用層面甚廣,約有四項:

1. **疾運盤**(Decumbiture):是古代醫療占星學(Medical Astrology)的重要判斷工具,根據患者生病不適躺在床上的時刻起盤,推論相關疾病的所有狀況。

2. **事件盤**(Event Chart):就事件發生時刻起盤,如總統就職宣誓時刻,推論國運的可能演變,常應用在時事占星學中。

3. **競賽盤**(Contest Chart):以比賽時刻,或選舉登記時刻,或隨機預測,常用在比賽或選舉勝負。

4. **顧問盤**(Consultation Chart):職業占星家常應用顧客入門或來電時刻起盤,事先了解客戶當時狀況。

　　對喜歡研究占星學的人而言,若能深入研究這些卜卦盤的應用,必會讚嘆它的精妙玄奇,與中國傳統術數的大六壬、奇門遁甲、六爻卦、六壬金口訣、梅花易數……等比較,並不遑多讓。值得一提的是,只要打好古典占星學的基礎,入門便容易。

　　Cecily這本卜卦占星學是華文世界第一本按威廉・里利《基督徒占星學》的法訣所撰述的卜卦專書，針對卜卦原理，盤中諸項元素做扼要精準的描繪；以她個人的實證經驗，活潑生動地點出這門學問的重點，如後天十二宮位的管轄事項、衍生宮位的巧妙運用、月亮為共同代表因子、行星的角色及自然徵象、行星的力量解析、十二星座、恆星與阿拉伯點、相位的使用，不吝嗇地寫出重要的判斷法訣。更在後面四章以實例解說其論斷過程，有如威廉・里利的細膩。相信是初學者，或已入門但尚未抓到訣竅者的福音。她的無私值得稱讚，也盼望她再接再勵，為華文書籍難得一見的古典占星內容，增添光輝。

秦瑞生

秦瑞生
　　天人之際占星學會的首席顧問，曾任職大集團高階主管與醫院副院長，現主持祥雲齋決疑顧問中心。潛心研究中西數術三十餘年，曾發表《占星學》（上）（下）、《實用占星學》、《大六壬預測學》、《大六壬畢法賦精注詳解》、《時盤奇門預測學》等專業著作。

注釋：
① 引自Maggie Hyde《*Jung and Astrology*》，趙婉君中譯《榮格與占星學》。
② 本ARHAT全名為「Association for the Retrieval of Historic Astrological Texes」，於西元一九九二年由Robert Hand、Robert Schmidt、Robert Zoller等三人發起，其主旨在於重新整理註釋自古希臘時期以來尚存於世的占星學書籍，對復興古典占星厥功甚偉。

—— 前言 ——
現代世界的卜卦占星

　　和朋友閒聊起我的占星服務工作包含了卜卦占星時，大家經常瞪大雙眼，驚訝地回應：「卜卦不是中國命理才有的東西嗎？」、「什麼！占星也能卜卦？」甚至連曾學過占星的學生都還以為只有塔羅牌才能回答具體事件，因而問我：「你說的卜卦占星是用塔羅牌吧！」其實，占星本來就是一個可以用來卜卦的工具，甚至，卜卦占星的應用程度還高過本命占星的推論。西洋占星自古典時期以來，本命、卜卦、擇日、時事的應用法則向來是重要的基本學科。可能是因為我一直認為，這幾項學問並行使用是理所當然的事情，因此當朋友們顯現出驚訝的反應時，我才發覺大眾對於占星的認識，僅僅被界定在出生星盤的推論而已。其實卜卦占星的應用，更能提供許多靈活的方向給大家參考。

　　古典占星的主要基本學科有：本命占星（Natal Astrology）、卜卦占星（Horary Astrology）、擇日占星（Electional Astrology）、時事占星（Mundane Astrology）。目前大家所熟知的占星內容，多是在本命占星的範疇內，也就是透過自己出生時間所決定的那張星盤，來刻劃自我的形象、天賦與才華、事業與工作領域的適性發揮和選擇、家庭生活的狀態、喜歡的對象與婚姻生活的好壞、金錢價值觀與收入多寡、社會人際關係、健康長壽與否等事項的推論；也會看到隨著年齡的漸長，

這些徵象會逐漸在何時一一顯現出來。這些我們稱為「本命」徵象的推論，是以自己為主角，去看自己與周圍環境所產生的交互關係。

本命占星學在近代的發展，逐漸跨足到與心理分析融合在一起，直接而清楚地呈現外顯的情境與內心的性格。所以，本命分析最大的價值在於，我們可以深刻覺察自己降臨在與生俱來的環境中，如何形塑自我的性格與潛藏的習性。因此能探究此生應努力改進的習性，也能學習釋懷並接納在因緣安排下的人生劇本，更可以理解不同階段的自我如何隨著時空環境而發展變化。這是目前占星工具最普遍的應用方向，也同時具有探索自我的寶貴意義。

但是，本命分析的應用比較適合回答人生大方向的未來前景，例如：生命舞臺的發展方向、對婚姻的價值、態度等。但是某些當下需立即回應的決策，例如：「要留在現有工作繼續發展，還是換新工作好？」、「我該買哪一間房子較好？」、「這三家店面該租下哪一間較好？」諸如此類的問題主要鎖定在人生較細項的選擇題上，如果以本命命盤來分析，會呈現出不夠具體而微的結果，此時，就需要以卜卦占星來合併參考。本命能提供的是現在的工作、置產、事業運勢好壞，但是，卜卦占星才能明確回答正在考慮的幾個選項中，哪一項較佳。本命占星如同指引你前往印度完成重要的自我探索旅程；而卜卦占星，則提供你搭乘哪個航班、投宿哪家旅店、當地的氣候如何、旅行應注意的事項等資訊。

另外，有許多人除了透過占星探索自我之外，更想了解與自己緊密

相關的某個特定對象。我常遇到許多人處在感情曖昧不明之際，心中熱烈的情感如奔騰萬馬，卻又無法得到對方的明確回應；中了愛神之箭的人們輾轉難眠數夜後，萬分焦慮，只能帶著黑眼圈來找我。她們心中最想問的問題是：「他究竟是不是對我有意思？」、「我可不可以跟他承諾彼此的關係？」若要解剖自己與特定對象的未來關係的發展狀態，卜卦占星可以將結果分析得相當地明確。當然，與自己有關的特定對象未必只有針對感情的對象，也有人面對頭痛的老闆或部屬、難以溝通的教授，甚至是突然遭逢背叛的好友，或是詭譎陰險的競爭對手，這些關係也像謎一般令人費解，此時當事人就會想求助占星分析。

在我執業的過程中，經常遇上客戶提供鍾情對象的出生日期，堅持要我協助做時間校正，找出這名對象的正確出生時間，以確認對方星盤中的另一半究竟是不是自己？或者，她心儀的對象是否花名在外？這些提問都會令我內心掙扎，通常我會反問客戶：「如果今天妳的追求者只知道妳的出生日期，他拿這個日期去找占星師，請占星師校正妳的出生時間，以便知道妳人生的許多細節，妳會願意跟他交往嗎？」此時，卜卦占星就是一種兩全其美的方法。諮商者可以問到對方目前的想法，這位不知名的當事人也能保有自己的隱私。因此，卜卦占星更大範圍的應用在於，問事人還可以為他人提問，只要心意虔誠，一樣能得到明確的答案。而我，也不用因此陷入良知與良心的掙扎之中了。

臺灣媒體經常喜歡請命理老師為知名的明星批命。我剛開始做占星研究時，曾經寫過相似的文章，在課堂上也會以名人星盤作為實證研究。但是針對名人的出生星盤做未來預測，會有揭人隱私之嫌，將心比

心，實在不宜。此時，如果問事人的心意虔誠，是可以用卜卦占星來為名人問事的。這種為「沒有關係的他人」來問事的案例，我遇過最經典的問題是，某位韓國一線女明星的兩位臺灣粉絲，非常擔憂自己喜愛的偶像會突然宣布暫時息影：這位偶像是否會因為傳言中的誹聞對象而暫別螢光幕。兩位粉絲很認真地詢問我，這位當紅女星現在的感情狀況。因為他們是真心誠意詢問，我也鄭重其事地解說，因此得到的答案似乎與女星當下的狀況非常穩合。在完成了這項奇特的任務後，看著他們滿意地離去，這在我的占星師生涯中，又留下一個有趣的經驗。

還有一種跟詢問者無關的常見的卜卦問題，就是詢問運動比賽的結果，或是激烈的選戰到底誰會勝出。這兩種問題都是愛臺灣的正港臺灣人，在面對與自己無關的事情時，最在意的兩種情況。如果球迷詢問運動比賽的結果，只是想知道自己支持的隊伍會不會勝出，這僅僅攸關球隊的表現而已，無論卦象結果如何，跟詢問者都沒有直接相關。但有些人詢問比賽的結果，其實是為了要簽賭，那就跟詢問者本身有關連了。我曾幫一名學生準確推斷出美國職籃總冠軍賽會大爆冷門，這讓他贏得了兩萬元的運動彩金。附帶一提，大多數時候，我不會接受為了簽賭而卜卦的要求。會接受這名學生有關博奕的提問，是因為他已經發心要捐出全數獎金，我才願意協助解答。

另外一種常見的代替他人詢問的卜卦問題，就是詢問走失的孩童、老人，甚至小動物的下落。我們經常看到走失者家屬焦急找尋他們蹤跡的新聞，或是警察、檢察官為了破案四處求神問卜，想透過玄祕的管道得到走失者。卜卦占星也可以回答這類問題。甚至遺失的不是人，是重

要的財物，卜卦占星仍可提供判斷線索給詢問者參考。

　　健康議題也是卜卦占星常見的問題。有人會因為察覺到身體的某些變化，所以到處問診，卻得到千篇一律的答覆：「壓力太大」。儘管如此，難以忍受的症狀仍會持續侵擾身心，此時，問事人只想知道到底何時才能擺脫這個症狀，或是這個症狀是否代表沒覺察的重大疾病。此時，與其在身體不適時內心還疑神疑鬼，不妨卜個卦，看看是怎麼回事。曾有位母親正在與疾病纏鬥，焦急的女兒跑來問我，起出的卜卦盤顯示仍然有望，但她母親虛弱的狀況仍要持續一段時日才會好轉。女兒將我的說法轉述給母親，原本已經放棄求生意志的母親，竟也把卦象的解釋當成求生的動力，每天奮力起身接受餵食，也願意坐上輪椅出外透氣。我也每天上線，為同樣辛苦的女兒打氣，直到母親飆高的指數終於下降，我跟她的女兒才鬆了一口氣。

　　我遇過詢問者把買車的選擇權，直接交給卜卦占星來做判斷。我自己也曾透過卜卦占星，來制止衝動購買智慧型手機的欲望，直到平板電腦上市後，老天才終於給了我好卦象。我十分慶幸，卜卦沒讓我花冤枉錢。在目前隨處可見的購物平臺購物時，很多人都懂得上網收集資訊，卻難以在喜愛程度相同的事物中取捨。用卜卦來做購物取捨，就像丟硬幣般，把最後的選擇權交給上天，這是讓自己不受衝動購物欲影響的持平作法。

　　卜卦問題實在五花八門，這也反映出現代人面對生活時，手中握有太多的選項，只因環境的變數太多，因此難以憑當下得到的資訊驟下決

定。卜卦盤反映著問事人的心念，也涵蓋了問事人未知的環境變數，甚至揭露了問事人的盲點。因此，卜卦可以提供問事人更完整的資訊。

透過本命盤，我們可以了解自己的心念如何地運作；而卜卦占星，則讓我們窺視上天所安排每一個機緣巧合的時刻，自己與外在人事物是如何地連結在一起。前者提供寬闊的視野以便探索長程的生命旅程，後者則讓我們具體地理解每個當下的所處環境和狀態。

愛因斯坦（Albert Einstein, 1879-1955）曾經以敬畏的態度說：「我們看到一個不可思議地排列的宇宙，遵行某些特定的規律。對於這些定律，我們只有模糊的了解，以我們有限的智力，無法理解推動星宿運行的神祕力量。」渺小的我們試圖透過占星的理性邏輯分析，以管窺探宇宙的神祕力量，然而最終，宇宙運行的推動力仍來自信念與心靈的巨大力量，才使得現實世界具象化。

第 1 章

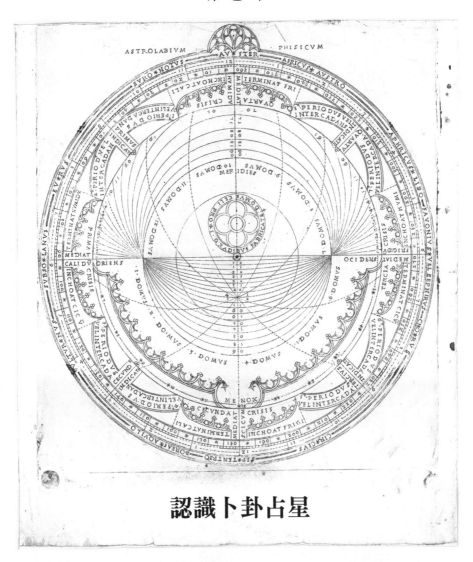

認識卜卦占星

原來占星也能卜卦？有夠神奇的吧！

儘管如此，占星師仍必須謹守一些原則，

這樣卜出來的卦盤才能料事如神。

至於這當中到底暗藏了什麼樣的玄機……

相信聰明的你已經迫不急待想一探究竟了吧！

卜卦占星的英文名稱爲「Horary」。這個字的字根源自於拉丁文的「Hora」，原意爲「每個小時」，因此說明了卜卦跟時間的變化有著密切的關連。

所以，**卜卦問題，就是一種因時刻的變化而產生不同的「觸機」，因爲這個「觸機」觸動念頭，才會想詢問問題。**有禪坐經驗的人都知道，禪坐時檢查自己內心的念頭，會發現雜念時時刻刻都在變化。沒有學過數息觀心的人，很難控制從四面八方生起的念頭。

平時，我們更是隨時被內心浮出的念頭所影響，有時候某個念頭會一直揮之不去，甚至淺眠時，還會突然被閃電般的念頭驚醒。這通常是因爲某件事讓自己困擾不已、陷入長考，難以決定該如何解決當前的困境，也難以放下煩惱。因此，如果當事人在某個時刻裡強烈覺察自己陷入盤繞不去的心緒，因而浮出詢問占星師的念頭，我們就把這個詢問問題的特定時刻當成問題的出生星盤，它就像是一張時間與空間交互作用所形成的瞬息快照圖。

卜卦問題的誕生時刻

正如同本命占星是以當事人的出生時間作爲誕生星盤，卜卦占星是以詢問問題的當下時間來起卦，也就是以起問時間當作「問題的誕生星盤」。以出生時間所繪製的本命盤，只要醫院確實將出生時間記錄起

來，就不會有太多的爭議。以出生時間繪製的本命盤解析當事人的一生運程，一般說來比較能讓人信服，因為出生時間彷彿是每個人所獨有的專屬密碼，因此每個人的本命盤幾乎都是獨一無二的。

　　卜卦是以詢問問題的時刻來起卦。但是，問題的誕生時刻要以什麼樣的標準來認定呢？常見的情況是，當事人可能已經被問題困擾了許久，只是突然起心動念，想與占星師認真提問的這個時間點。通常更明確的時刻，是在占星師與當事人充分討論完並取得理解後，再依據這個時刻來起卦。

　　卜卦占星不像其他占卜方法，有明確的產生「觸機」的工具。例如：塔羅占卜是由詢問者自己抽牌，抽牌本身就是一種「觸機」工具。或者中國命理的問事工具，常見的有籤桶、籤詩、拈米等「觸機」工具。以上這幾種方式，比較能被一般大眾所接受，那因為他們自己也參與其中。卜卦占星只是以詢問者提問的時間來決定星盤。當事人會認為，自己沒有參與「觸機」的過程，所以對於解析的結果未必能完全信服。

　　卜卦占星的觸機是什麼？就是心靈與宇宙之間，在同一時間神祕交感的時刻，也就是榮格的同時性理論：心理狀態與客觀事件之間的互動關係。這個理論可用來說明某人與事物之間，在某個時間點有某種同質性的存在，這個存在如同心電感應般的巧合。因為宇宙的變化是有機的，行星的變化與人類心靈的運作之間，是有對應的和諧關係。當我們正為某事輾轉難眠之際，卻突然靈光乍現，想發出訊息詢問占星師，

這個特定的心靈時間點就跟宇宙星體交感，產生了相同的頻率。宇宙的行星、星座、宮位正好就在這個時刻，反映了我們與事件環境的交互狀況。占星師透過這個特定時刻的星辰結構，來擷取宇宙與人類心靈之間所存在的對應關係的訊息，並透過星體客觀模型的推演，來預測事件的走向。

卜卦問題的提問準則

1. 詢問者的動機與態度

就如同我們到廟裡向神明請示指引迷津，向來認為「舉頭三尺有神明」的中國人都是秉持虔誠的態度，甚至俯地跪拜，磕求神明擲出聖筊。同樣地，當你打算找占星師卜卦時，你的態度必須非常真誠，而且提問的問題必須是自己認為重要的，非常想得到答案。但是相較於高高在上的神明，詢問者在面對占星師時，往往會抱著半信半疑的態度。其實我期望詢問者真心誠意，不是為了突顯占星師高高在上的地位，而是為了讓卦象得到天地的呼應，以提高準驗度。

所以，詢問者不宜抱著測試占星師的動機，或是不敢提出真正的核心問題，而以表面含混的問題來提問，聽完占星師的解釋後，自己再旁敲側擊推問心裡真正的問題。例如：當事人詢問跟男友的感情會如何發展，背後的動機卻想探察對方能否滿足自己的物欲。這樣的提問可能會

呈現無效的卦象，或是因為誤導占星師的解答方向而出現與事實相去甚遠的結果。

　　再來，詢問者提問的態度必須非常嚴肅，不應以嬉鬧玩笑的態度來提問。曾有朋友抱著姑且一試的心態來找我，想為歷任男友各卜一卦來打分數，打算問卦吃到飽。這樣的心態所呈現出的卦象結果未必能準驗。

　　另外，詢問者不能妄想去扭轉既成事實。例如：曾有人問我，房子應該賣給兩位買家中的哪一個較好。我跟他進一步討論問題後，才發現他的房子早已經賣給出價較低的買家，只因為第二個出價較高的買家出現，他因而反悔，妄想取消已完成的交易，也才想詢問我這個可能性。這類問題就未必能得到天地宇宙的正確指引了。

　　但有時候，占星師不能為詢問者決定問題的重要性，或許占星師認為無關緊要的小事，卻是當事人想嚴肅探詢的問題。例如：我在前言提到過詢問韓國女星緋聞的兩個粉絲，她們很認真地提出問題。也許占星師自己不會這麼做，但不代表這個問題對粉絲們來說無關緊要。只要詢問者的態度嚴肅虔敬，就可以得到相應的答案。

2.一事多次詢問

　　在面對詢問者的各式問題時，感情問題總是被我列為最優先處理的急件。因為陷入情海會嚴重擾亂當事人的心緒，睡不了吃不下又無心工

作，難以直接與在意的對象把話攤開來談。在情海中翻騰的當事人很容易做出不理性，日後又會後悔的決定。如果我有幸能在此時成為當事人傾訴的對象，一定會優先把時間空出來，讓當事人暫時從內心翻擾的情海上岸，用理性來安住不穩定的衝動。

但在感情問題上，我大多需要提供持續幾個月，甚至數年的售後服務，從旁協助當事人堅持他的理性抉擇。但當事人經常因為對象的某些改變而跟著動搖，難以堅持原有的決定，或是兩人關係一旦有個風吹草動，就請我再卜一支卦。然而，我雖然秉持一事不多問的原則。除非他先前問題的徵象已經產生，或是環境有了新的元素或新的發展，才會再起一支卦來看現況。

但實際上，我常心軟，難以拒絕當事人重複詢問。面對這種實務上常見的狀況，長期累積的經驗是，一開始的問題反映了最終結果，例如：「我們的感情有結果嗎？」則以首次卦象為基礎去判斷，但後續反應不同狀況的提問，會展現當下的狀況，而且經驗上前面幾次會出現明確的徵象，到後來，卦象就會越來越不準驗了。

3.要問對的問題

有些詢問者的問題會簡要到只知提問主題為工作，卻沒有具體的問題內容；也有詢問者希望占星師能完整理解他的問題，會鉅細彌遺地說明、整理所有背景資訊，彙整成為一大串的問題，甚至問題之間毫無關聯性。

　　最好的提問方式，是沉澱下來思索最重要核心的問題，以此時間提問才會出現符合問題的徵象，太多的人爲整理反而讓問題不自然了，這時出現的徵象也會得到不相應的結果。占星師可以最核心的問題時間點起卦，根據此問題的背景資訊去推敲所有徵象，除了針對所提問題回答，並且回答主題延伸的相關問題，但不回答主題不相干的問題。

4.不能操弄問題

　　現在的媒體常以當天的節目主導某個議題，請命理老師提出幾個選項，然後再邀請來賓做選擇。純以娛樂的效果來看，這個作法可以討好觀衆，提高節目的收視率。不過，卜卦占星的問題其實是無法在特定時刻，邀集大家來詢問問題的，因爲這麼一來，就無法符合前文所提到的決定卜卦問題的要素：當事人已被問題困擾許久，只是突然想詢問占星師，並且在占星師與當事人討論完並充分理解後，再依據這個時刻起卦。這個起問的時間點，才算是「起心動念」並透過天地回應的心靈神祕交感時刻。

卜卦占星的學習地圖

　　在開始使用本書學習卜卦占星時，讀者還是要有一些必備的占星基礎知識，特別是古典占星的基礎知識。我們先來瀏覽這個學習地圖必須涵蓋哪些範疇。

1.後天宮位

　　我建議讀者要先認識十二個後天宮位。因爲這部分是卜卦占星裡最重要，也是開始分析問題的第一步。十二個後天宮位代表著人生的各個生活領域，從上升位置的第一宮開始，以逆時鐘的方向依序排列如下：

第一宮：命　　宮
第二宮：財帛宮
第三宮：手足宮
第四宮：家庭宮
第五宮：子女宮
第六宮：健康宮
第七宮：配偶宮
第八宮：生死宮
第九宮：遷移宮
第十宮：事業宮
第十一宮：人際宮
第十二宮：災難宮

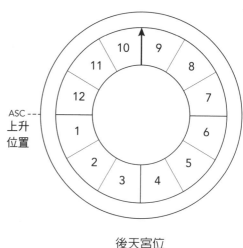

後天宮位

　　通常詢問者自己就是第一宮所代表的當事人。然後，我們會依據問題去決定問事的宮位（用事宮位）。例如：當事人詢問有關婚姻的問題，那麼用事宮位就是第七宮（有關用事宮位的說明，參見第二十六頁）。

2.行星

　　接下來要介紹的是行星。行星代表的是這個問題所扮演的角色。在星盤中會被使用到的行星，會用以下的符號來表示。這些行星經常代表特定的人事物徵象。例如：只要提到母親，就會聯想到月亮，提到父親，就會聯想到太陽。

| 太陽 | 月亮 | 水星 | 金星 | 火星 | 木星 | 土星 | 天王星 | 海王星 | 冥王星 | 北交點 | 南交點 |

行星符號

3.星座

　　大家所熟悉的十二星座在星盤上，也都會以下列的符號來呈現。

| 牡羊座 | 金牛座 | 雙子座 | 巨蟹座 | 獅子座 | 處女座 | 天秤座 | 天蠍座 | 射手座 | 魔羯座 | 水瓶座 | 雙魚座 |

十二星座符號

4.星座的定位星

　　每個星座都有一到兩個定位星，我們必須知道星座與定位星的關係。以下就是行星與星座之間的關係：

牡羊座：火星　　　　　天秤座：金星

金牛座：金星　　　　　天蠍座：火星及冥王星

雙子座：水星　　　　　射手座：木星

巨蟹座：月亮　　　　　摩羯座：土星

獅子座：太陽　　　　　水瓶座：土星及天王星

處女座：水星　　　　　雙魚座：木星及海王星

5.行星、宮位與星座的關係

　　每個行星都會落在某個星座上，而且會有明確的度數與分數來標示其位置。例如：土星落在雙子座二十度三十分，可以說星座是行星的座標。

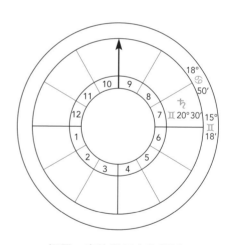

　　每個宮位的起始點都會落在某個星座上，也都會有明確的度數與分數，所以星座也是用來作為每個宮位起訖點的座標。例如：第七宮的起始點落在雙子十五度

行星、宮位與星座的關係

十八分，第八宮的起始點落在巨蟹十八度五十分，所以整個第七宮就落在雙子十五度十八分至巨蟹十八度五十分的範圍內。

　　因為土星落在雙子座二十度三十分，所以土星就落在第七宮內。

6.宮位的主管行星與飛星

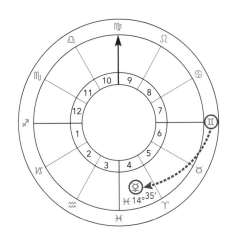

宮位的主管行星與飛星

　　依照每個宮位的起始點所在的星座，去找出這個星座的定位星，這個行星就稱為此宮位的主管行星。例如前面所舉的例子，第七宮落在雙子座，因為雙子座的定位星是水星，所以水星就成為第七宮的主管行星（簡稱為七宮主，或第七宮主星）。

　　如果水星在雙魚座十四度三十五分，落在第四宮，那麼我們就稱第七宮主星水星飛入第四宮，這就是飛星。飛星會把第七宮與第四宮的關係連結起來，我們可能會解釋為：這個婚姻狀況與家庭之間有重要的關連。

7.行星的能力

　　因為星座經常扮演的是座標的意涵，通常我們不會像星座專家一樣，單獨使用十二個星座去詮釋意義，而會**以行星落在某個星座，去解釋這個行星所代表的性格表現**。例如：我們會解釋月亮在雙魚座，代表他的母親是個善良感性、容易受人影響、經常迷糊遲到、懶散的人。除了解釋個性之外，我們還要具體分析不同行星落在不同星座上其能力好壞之差別。例如：太陽落在獅子座，是太陽力量最好的位置，但如果太

陽落在水瓶座，那麼太陽就落在力量最不佳的位置。

8.主要代表因子

當問題提出時，我們會開始思考這個問題的代表因子是什麼。例如：如果詢問的問題有關婚姻感情，那麼自然就會聯想到金星。這種行星的直接意涵稱之為「自然代表因子」。

但是，**大多數的代表因子就是要先找出問題的代表宮位，找出這個宮位的宮主星與宮內行星，這些行星就是「問題的主要代表因子」**。以前面的例子來說，如果是問婚姻，那麼婚姻的代表宮位是第七宮，其主要代表因子就是第七宮主星水星，與宮內行星土星。

另外，我們也一定要找出當事人的代表因子。通常，**當詢問者就是當事人時，第一宮的宮主星與宮內行星就是「當事人的代表因子」**。以前面的例子而言，當事人就是第一宮主星，由於第一宮是射手座，而射手座的主星是木星，所以第一宮主星就是木星。此外，如果詢問者不是當事人，就要以當事人與詢問者的關係，去找出當事人的代表因子。

9.行星的相位

找出「當事人」與「問題」的代表因子之後，最簡單的判斷就是要去看兩個代表因子彼此間，是否能以和諧的相位互相接近，而且中間不受到任何阻礙，或是未來持續接近的路徑不會改變。如此一來，就表示

可以有好的結果。反之，如果兩個代表因子不會互相接近，或是彼此沒有關連相位，或是彼此以互相傷害的相位接近，那麼彼此關係可能有挑戰或問題需努力克服。

10.宮位的衍生

如果詢問者是代替別人詢問，此時詢問者就不是當事人了，所以就不會以第一宮來代表當事人，而會從當事人跟詢問者的關係，去決定當事人的代表宮位。

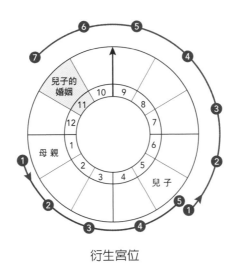

衍生宮位

例如：詢問者是母親，她想詢問兒子的婚姻狀況。由於兒子才是問題的當事人，所以當事人的宮位就成了第五宮（詢問者的子女宮）。要看兒子的婚姻狀況，就會以第五宮當成新的第一宮，以此算到第七宮，

也就是星盤原本的第十一宮（第五之七宮）就成為問題的代表宮位，這就稱為「**衍生宮位**」。

　　以上內容是以最簡單的方式說明卜卦占星的脈絡，也提供讀者一些專有名詞的基本介紹，以便讀者了解占星必備知識的學習地圖，其中仍有許多比較細膩完整的內容，還有其他的重要判斷法則，會在後續章節逐一講述。

第 2 章

卜卦占星的十二後天宮位

認識星盤的十二個後天宮位，
是占星師必修的基本功夫。
面對詢問者各式各樣的疑難雜症，
釐清用事宮位，是卜卦占星師分析前，
必須與詢問者一起確立的第一步。

　　在第一章，我花一些篇幅討論卜卦時該如何詢問才是適當的問題，最主要的目的就是為了決定後天宮位，並以此找出所問事項的代表因子。這部分是卜卦占星相對於本命占星，比較難下判斷的地方。因為本命的分析著重在生命方向與價值觀的討論，後天宮位的使用比較固定；可是卜卦占星針對各種事項的詢問，詢問事項的可能性繁多，到底要用哪一個宮位代表詢問事項，分析者必須能靈活下判斷。

　　卜卦的問題千變萬化，更可以說是千奇百怪。像是被詢問韓國女星的感情狀況的問題，可能也有其他的占星師接到更多不尋常的問題。每逢有人問我一個問題，我的大腦神經傳導物質就要開始忙著進行檔案分類整理的工作，一面理解這個問題的表象意義，一面還要與對方討論，探索他詢問的背景原因。更重要的是，我要開始從腦海大量的資料庫當中，搜尋代表詢問事項的宮位（以下簡稱「用事宮位」）。

十二後天宮位的重要性

　　相對於本命盤對於後天宮位的解釋，卜卦的宮位定義範圍更為多元，並且要加上衍生宮位的活用，才足以回答人世間各種讓人心煩難解的問題。因為後天宮位是每四分鐘移動一度，也就是整張星盤隨著時間變化移動最快速的因子，所以可說是卜卦占星中最重要的判斷主角。後天宮位相當敏銳地隨時間變化，因此，可以作為當事人與環境交織而產生心緒變化的代表因子。

　　當我們找出問題的「用事宮位」後，這個宮位的主管行星，以及此宮內的其他行星，就是「問題的主要代表因子」，同時要決定問題的「當事人的代表因子」，再去判斷當事人與問題的代表因子彼此之間所形成的互動關係。這可以說是整張卜卦盤的判斷主軸。

　　說明到這邊，希望讀者應該能明白，詢問正確的問題將是何等重要了。因為詢問的問題會決定代表問題的用事宮位。況且，如果只是單純就表面的問題去定義宮位，很可能跟詢問者真正在意的癥結點不同。**占星師一定要跟詢問者進一步討論形成問題的背景，才能準確地定義出用事宮位。**如果「用事宮位」定義錯誤，那麼判斷出來的答案就全然錯誤。因此，卜卦占星最重要的第一步，就是要清楚確認問題的本質，並仔細理解各宮位所代表的各項人事物，才能找出正確的「用事宮位」。

十二先天及後天宮位

　　西洋占星星盤（Horoscope）中，大家最熟悉的就是「十二星座」（也稱為「先天黃道十二宮」〔Celestial Houses〕）。十二星座就是在假想的天球中，有一道環繞地球的三百六十度的帶狀圓圈，以春分點─牡羊座零度零分為起點，逆時鐘方向均分為十二個區塊，一個星座的區間為三十度。我們假想在十二星座的圓圈裡面，再疊上另一個圓圈，外圈是十二星座，內圈是後天宮位。內圈的起點，就是依照詢問的時間在東方地平線上對應外圈的星座位置，稱為「上升位置」（Ascendent，

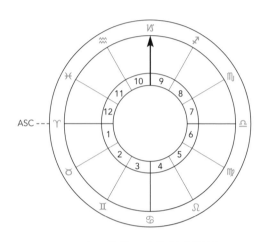

十二先後天宮位對應關係

簡稱ASC）。由ASC的位置開始，也以逆時鐘方向劃分爲不同的十二個區塊，稱爲「十二後天宮位」（Mundane Houses），每個宮位都對應著各種不同的人生事項。而各個宮位的起始點會以外圈相對的星座位置來標示，稱爲「各宮始點」。

　　ASC的位置，也就是第一宮的起點。第一宮稱爲命宮，就是代表詢問者自己。確認第一宮後，就可依次得知其他宮位位置，各宮位分別爲：

第一宮：命　宮	第二宮：財帛宮	第三宮：手足宮
第四宮：家庭宮	第五宮：子女宮	第六宮：健康宮
第七宮：配偶宮	第八宮：生死宮	第九宮：遷移宮
第十宮：事業宮	第十一宮：人際宮	第十二宮：災難宮

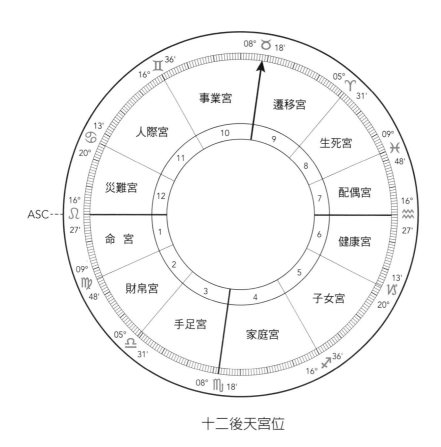

十二後天宮位

十二後天宮位並非像十二星座一樣，簡單地均分成每三十度一個宮位。後天宮位係依照不同的分宮系統，嚴謹地計算出各宮始點的位置，所計算出的各個宮位所占範圍區塊並非均分，因此各宮的始點也不盡相同，但是相差一百八十度位置的兩個宮位始點度數都會一致。例如：第二宮始點為牡羊座三度二十分，與第二宮相差一百八十度的第八宮始點，就會落在天秤座三度二十分。

　　因爲後天宮位的劃分，會產生出一些實務上需特別注意的情況，這裡說明如下：

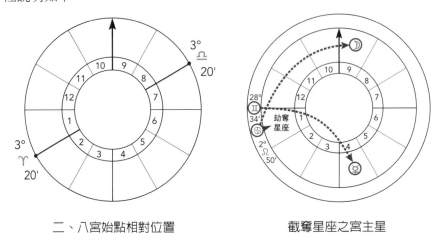

二、八宮始點相對位置　　　　　　　截奪星座之宮主星

（1）由於採行的分宮系統不同，會使得宮位起始度數有所差異，所以阿拉伯時期的占星師們沿用古希臘占星名家托勒密（Claudius Ptolemaeus，大約AD 100-AD170）的方法，在實務應用上遇到有行星位於某宮位的訖點、接近下一宮始點位置約五度時，就會把此行星當作已經位於下一宮宮位內。

（2）因爲後天宮位的各宮範圍可能超過三十度，有時候會出現整個星座完全被覆蓋在一個後天宮位內，這個星座就稱爲「劫奪星座」。例如：第一宮始點落在雙子座二十八度三十四分，第二宮始點落在獅子座二度五十分，此時，整個巨蟹座都被包覆在第一宮內，我們即稱巨蟹座爲「劫奪星座」。當考慮第一宮的宮主星

時，我們就要把雙子座的主星水星，以及巨蟹座的主星月亮，同
時都當作第一宮主星。

十二後天宮位的說明

第一宮　命宮

代表人物：詢問者本人、跟自己不相關的走失的人、病患（占星師有得
到病患的允諾而起卦）、詢問比賽的地主隊或詢問者支持的
隊伍等
代表事項：詢問者當下的心境狀態、詢問者的外形長相、體質健康、性
情、人格特質、嗜好、創新開始的事務、事情的開端、打前
鋒、東方

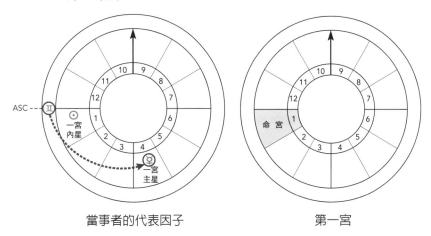

當事者的代表因子　　　　　　　　　第一宮

　　通常第一宮就是代表詢問者本人，ASC星座、第一宮主星與宮內行星，都會反映他的外形與主要個性，也會從這些徵象看出詢問者當時的心理狀態。**只要詢問者所問事項跟自己有關時，第一宮的星座、宮主星、宮內行星，都是當事者的代表因子。我們就會依據這些因子與其他問事宮位的關係，來判斷事件能否順利進行。**

　　第一宮的對宮就是第七宮。如果詢問事項是關於運動比賽時，第一宮就代表詢問者所支持的一方，第七宮則是對手。另外，如果有人詢問走失老人的下落，但詢問者與走失老人並沒有任何關係，那麼第一宮就代表這個走失老人。如果占星師得到病患的同意，代替病患卜卦詢問病情，那麼第一宮就是病患本身。

第二宮　財帛宮

代表人物：銀行家、投資者、財務管理者、與金錢相關的人物

代表事物：金錢總合、流動資產、工作職業的報酬收入、理財價值觀、財務獲得與支出方式、遺失的有價值財物、交易買賣的商品、可流通變賣為金錢的物品、有價的所有權、財富或貧窮、東偏北方

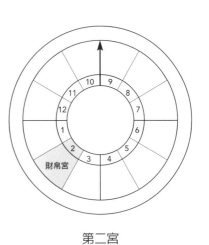

第二宮

只要詢問跟錢財獲得、損失、交易買賣有關的事項，多是以第二宮作為代表因子。這裡主管著財物的獲得與失去，所以如果詢問有價物品遺失等事項，也會以第二宮作為判斷失物的代表因子。

第三宮　手足宮

代表人物：兄弟姐妹等同輩旁系的血親、閨密、同袍及兄弟姊妹、中小學同學、鄰居、作家、演說家、教師、記者

代表事項：溝通表達、運用文字及語言的能力、基礎知識、演講教學寫作、學習、文件契約、高中或大學以前的學校生活、短程旅行、例行性的移動旅行、四處奔波、汽機車等交通工具、交通安全與運輸狀況、道路、信件、郵寄物品、文件書本、資料檔案、電腦軟硬體資訊用品、網路資訊、新聞、E-mail或信件、簡訊留言訊息、傳播、口舌是非、謠言、左鄰右舍的狀況、北偏東方

　　第三宮所代表的事項不少。若詢問有關兄弟姐妹的事項時，就會以第三宮作為代表因子。甚至所問事項只跟手足有關，與詢問者無關時，更會以第三宮作為新的第一宮，其餘各宮再依次重新排列順序。這部分我們在後面章節討論衍生宮位時，會有詳細的說明。

第三宮

　　若詢問購車、旅行安排、高中之前的學校選擇等問題，也以此宮作爲代表因子。網路資訊、溝通表達也是由第三宮所主管。例如：詢問網路留言、謠言中傷，或是發言不愼等糾紛，也可以此宮作爲代表因子。

第四宮　家庭宮

代表人物： 父親、祖先、房東等提供住處的庇護者、供養人、居家看護
　　　　　者
代表事項： 家庭環境與背景、家庭生活相處狀況與氣氛、土地不動產、
　　　　　房屋狀況、建築物、農場、井或穴、礦脈、地球資源、地
　　　　　基、保全、墳墓、地窖、寶藏、公園、紀念碑、社區城市、
　　　　　氣象（如地震、水災、颱風）、晚年生活狀況、事情的最後
　　　　　結果、北方

第四宮

　　詢問主題如果爲家庭或是父親，則以第四宮作爲代表因子，也可以此宮作爲新的第一宮來重新排列其餘宮位。詢問購屋換屋、買賣不動產、租賃房屋店面，也可以此宮作爲代表因子，用以了解房屋的好壞狀況。詢問事件的最後結果，也會以此宮的徵象來判斷，例如：判斷病情的最後結果，或法律審判的最後結果。

第五宮　子女宮

代表人物：**子女、戀人、投機者、藝人、玩家、運動家、代理或委託人、大使、學生**

代表事項：**自我才能的表現、興趣與嗜好、創造力、創作品、遊戲、開心高興玩樂、節慶、假期、宴會、羅曼史、戀情狀態、約會、歡愉的性活動、懷孕、與子女的互動關係、判斷生男或生女、子女的健康狀態、運動或休閒活動、賭博與投機、股票與短期投資、任何冒風險的事項、刺激、競賽、選舉、表演、戲劇、娛樂圈或股市、北偏西方**

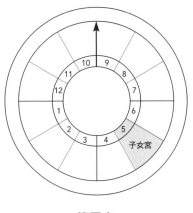

第五宮

最常見的卜卦問題就是詢問感情了。這個問題一定會以第五宮作為主要的判斷因子，它代表感情的親密關係，但是代表男女朋友等對象，常會以第七宮為代表。此宮也代表詢問有關懷孕生產等事項，當詢問事項有關子女時，就要以此宮作為第一宮，再重新排列其餘宮位。另外，第五宮也代表一切好玩、有趣、歡樂、愉悅、開心的事項，例如遊戲、約會、比賽、派對、下賭注等，都是以第五宮作為代表因子。臺灣人對於投資相當熱衷，而這個宮位也是判斷投資標的物好壞與否的依據。

第六宮　健康宮

代表人物：一般雇員、事務員、下屬、營養師、護士、工人、勞工、僕
　　　　　　人、投宿者、看護、姑姑與叔伯、小寵物（小於山羊，無法
　　　　　　乘騎的動物）

代表事項：工作環境、例行性工作、工作流程、辦公室、同事及下屬、
　　　　　　服務、申請、裝置設備、疾病、健康狀況、環境衛生、營養
　　　　　　保健、小動物與寵物、疾病與其引發問題的來源、氣候（由
　　　　　　第六宮管，第四宮管氣象）、功能的調整、勞累、兵役、警
　　　　　　察、消防隊、日常衣食、食物儲藏、器皿、西偏北方

　　這個宮位也常被稱為「奴
僕宮」。顧名思義，就是苦勞
大於功勞的宮位，通常是用在
詢問工作的內容、工作環境與
同事關係好壞。如果詢問職務
調動、人事聘用，也以第六宮
作為主要因子。這個宮位也代
表一個重要的主題，那就是疾
病。我們可以用此宮判斷疾病
是否輕微，或嚴重困擾當事

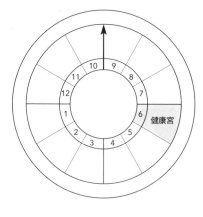

第六宮

人。這個宮位也與少子化的現代人所關心的一個主題有關，那就是跟寵
物相關的事項，例如：要找尋走失的貓狗等，就是以這個宮位作為代表
因子。

第七宮　配偶宮

代表人物：配偶、合夥夥伴、股東、公開敵人與對手、訴訟的對方、競爭者、反對者、詢問者的占星師、個人的諮商者或顧問、醫生與治療者、小偷、逃亡者。有指名的特定對象（詢問者沒有說明彼此的關係，或者沒有任何一宮可以代表與詢問者的關係）、祖父母、外甥或姪子

代表事項：婚姻狀況、離婚、另一半的外形、個性與各方狀況、合夥狀況、與親近者的相處狀況、合作關係、訴訟、公開的敵對狀況、即將要搬去的新住所、有法律效力的合約、公共事務的處理、西方

這個宮位主要是用來詢問與配偶相關的事項。例如：詢問未來的配偶會是怎樣的對象，婚姻與感情關係將會如何等等。其實在詢問感情對象時，即使沒有婚約關係，經常還是以此宮位代表所詢問的對象。如果當事人代表配偶詢問，則由第七宮作為新的第一宮，再重新排列其餘宮位。第七宮可以用來詢問雙方的合作關係，但也可以用來詢問敵人，通常是在訴

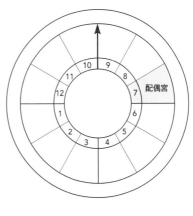

第七宮

訟時，會以此宮作為訴訟對立的一方。第七宮也常用來作為比賽時的競爭對手，以此判斷自己能否勝出。第七宮也代表與自己做交易買賣的對

方，如果第一宮的自己是買家，那麼賣家（對方）就是第七宮。

　　其實第七宮在卜卦盤中代表的事項相當多，而且用法特殊。最重要的一項是，**如果詢問者詢問一個特定的對象，或是無法以任何宮位來代表所詢問的人與詢問者的關係時，此時，就會以第七宮代表這個特定的詢問對象。**第七宮也代表詢問者的諮詢顧問，例如醫生、占星師等，所以占星師通常也會以第七宮的狀況用來衡量自己能否提供好的建議給詢問者。但是如果你是判斷自己所詢問的問題時，占星師就是你自己本人，那麼這時候，你要看的是第一宮，而不是第七宮。

第八宮　生死宮

代表人物：借貸者、與喪葬相關
　　　　　者、保險員或代客操
　　　　　作錢財者

代表事項：他人錢財、配偶錢
　　　　　財、保險費與理賠、
　　　　　繳稅、繼承遺產、借
　　　　　款、債務、抵押品、
　　　　　合夥錢財、他人贈予

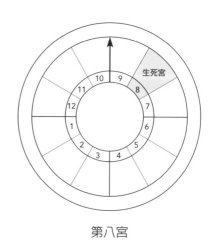

第八宮

的禮物、遺囑、遺產、繼承的財產、死亡的原因、性交、手術、傷害、改造重整轉化、重生、個人內心深層的恐懼、心理分析、洞察、追根究底、偵查、欲望與痛苦、超自然現象等神祕事物、西偏南方

　　這個宮位最常見的問題就是詢問借貸款，例如：借款能否返還、貸款能否順利等。這個宮位也跟繼承的遺產有關。詢問買賣交易時，這個宮位代表賣方商品的價值好壞與否。詢問疾病時，這個宮位代表重大的手術，甚至凶星在此宮位又嚴重受剋時，則會見到死亡的徵象。這個宮位也代表所有深藏內心、難以對外人道出的強烈欲望，例如：對性的態度與欲望、對他人錢財的渴求或占有、對死亡的恐懼等。所以，這個宮位也代表深層的心理洞察分析。

第九宮　遷移宮

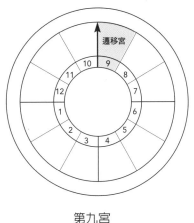

第九宮

代表人物：學者、老師、律師、神父牧師僧侶等神職人員、出版業者、航空運輸業者、外交官、外國人

代表事項：大學以上高等教育、論文、科學、邏輯系統式的思考、社會教育、長途旅遊、非例行性旅程、航海、國外、探勘、法院、法律事務、有法律儀式的典禮、法律程序、哲學宗教信仰、教會、外國事務、出版品、學術研究、專業的課程、廣告、道德意識、價值觀、良心、夢想、願景、預言、第二次婚姻的配偶、南偏西方

　　第九宮最常被詢問的問題，就是更高等的教育進修，或是考試順利
與否。第九宮也代表師長與自己的關係。此宮也代表至海外旅行移居的
狀況，相較於第三宮是屬於經常往返的短程移動，第九宮則代表的是較
不熟悉異地的遠距離移動。如果詢問有關訴訟的問題，這個宮位就代表
證物或是律師。因為這個宮位代表在精神與體能上更高、更遠的探索，
所以此宮位代表具有良知道德感，也常用來代表價值觀；所詢問的事項
如果跟宗教有關，它就是精神指導者或上師的徵象，也代表智者的預
言。

第十宮　事業宮

代表人物：老闆、主管、政府單位、政治家、在上位有權威者、優勝
**　　　　　者、國王、總統、統治者、法官、管理當局、母親、公婆**
**　　　　　（或岳父母）**
代表事項：事業志業、名聲地
**　　　　　位、權力、聲望、職**
**　　　　　業、專業、晉升、名**
**　　　　　望、階級、榮耀、成**
**　　　　　功、成就、信用評價、**
**　　　　　官員、轉職、重要職**
**　　　　　掌（非僅求薪資的工**
**　　　　　作）、組織架構、公開**
**　　　　　的醜聞、南方**

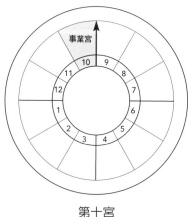

第十宮

　　這個宮位最常被詢問的問題，就是有關公司或自己事業經營的狀況、上司與自己的關係、能否得到工作機會，或是換工作等問題，這些都是卜卦中非常常見的問題。如果詢問與母親、公婆（或岳父母）有關的事項，就會以此宮作爲第一宮，其餘宮位再重新依次排列。當詢問比賽競爭的問題時，這個宮位則代表自己能否得到勝利和名望；詢問跟訴訟有關的問題時，這個宮位就代表法官。

第十一宮　人際宮

代表人物：朋友、群體、立法委員
代表事項：社會人際互動關係、
　　　　　　社團與組織、客戶、團
　　　　　　體、組織、協會、人際
　　　　　　關係、立法、願望、禱
　　　　　　告、事業體的獲利、公
　　　　　　司股利分紅、當權者的
　　　　　　資產、南偏東方

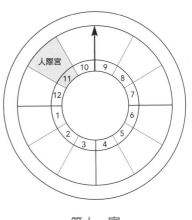

第十一宮

　　這個宮位代表朋友，如果詢問者代替朋友詢問時，就以此宮作爲第一宮，其餘宮位重新依次排列。其實更進一步來說，因爲這個宮位代表當事人對外的社會人際關係，因此常用來判斷公司的業務狀態、事業的獲利能力，或是與客戶的關係。這個宮位代表願望，如果此宮徵象好，就表示願望容易實現。

第十二宮　災難宮

代表人物：小人、祕密敵人、間諜、小偷、犯罪者、傷殘病患、大型牛
馬象等動物（比山羊大）、舅舅或阿姨

代表事項：逃避、藏匿、潛意識活動、退休、隱居、幕後工作、醫療體
系、隱疾、自我毀滅、自暴自棄、禍害、個人的缺點、恐懼
不安、悲傷、苦惱、磨難等心靈上的痛苦、有心智與情緒的
問題、損失、暗中的事項、暗中陷害、隱匿的危機、隱密的
敵人、隱藏的限制、自殘、謀害、非法事項、監禁、奴隸、
牢犯、限制、處罰、寡居、避難所、監獄、玄祕與心靈的
活動、巫術、慈善事務、修行、感應能力、夢境、集體無意
識、詩歌、東偏南方

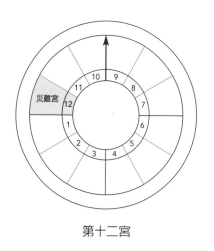

第十二宮

這個宮位通常代表憂傷苦惱
的事情、暗中的小人，或是隱密的
活動。如果當事人的代表因子落在
此宮，通常代表詢問者當下可能苦
惱不安、自我逃避、不肯面對現實
等狀況。如果詢問事項的代表因子
落入此宮，即代表容易有困難、麻
煩的干擾，或是詢問是否有小人暗
中破壞，也是以此宮位來判斷。詢
問有關鬼怪、中邪等無形事項的麻
煩，也是以這個宮位作為代表；如

果詢問犯罪、訴訟、入獄的問題，此宮就代表服刑監禁。此宮也作爲詢問退隱的代表因子。

　　前述有關宮位的內容，並非僅僅用來定義用事宮位，其實也一併應用在闡述卜卦盤時，以這些宮位所代表的徵象做進一步地演繹說明。例如：當事人詢問感情關係，代表對象的用事宮位就是第七宮，而又見到第七宮主星落入第十二宮，由於第十二宮爲躲藏憂傷的徵象，因此會以第十二宮的代表徵象來判斷此對象正在爲某事憂傷，有意躲著詢問者。

如何正確判斷後天宮位

　　因爲問題本身的提問方式會決定用事宮位，所以如何提問，就變得非常重要。例如：當詢問有關選舉的問題時，如果我問：臺北市市長在這次選舉能否順利連任？此時，我是提問者，詢問的當事人（臺北市市長）與我之間沒有任何關係，代表詢問者的是第一宮，所以第七宮就成爲臺北市市長的代表宮位。如果我問的問題是：臺北市市長與某競爭者之爭誰會勝出？此時，如果我是臺北市市長的支持者，那麼第一宮就是市長的代表宮位，而第七宮就是他的競爭對手。兩種問法會以兩個不同的宮位來決定用事宮位。

　　再者，當詢問者的問題無法讓我們明確判斷用事宮位時，必須再次詢問當事人提問的背景動機。例如：我曾接到一個提問，對方提問事

項為：是否可以將現有的美容護膚中心變更登記為「醫學美容診所」。依據問題的本質來看，是歸類於第九宮的法律問題，但是由於我對於這個產業不熟悉，覺得有必要確認他提出這個問題的背後原因。對方才說明，這項登記變更涉及最大的轉變是，他將因此增加每月十多萬元的開銷，所以為求謹慎才會詢問我。

　　這個問題經過以上的討論後，在我腦海的資料判讀中，它的用事宮位已經從法律登記的第九宮，變成著眼在營收獲利能否支應所增加的開銷，於是用事宮位應該要看的是第十一宮與第二宮了[1]。

　　相信聰明的讀者在看完前述的說明之後，應該已經很清楚這些宮位的定義並不是呆板死執的。占星師決定用事宮位的判準應該是依據邏輯，活潑而有彈性的。

注釋

① 前文提到第十一宮也兼管「事業體的獲利」。第二宮則管詢問者本身的財富狀況。

第 3 章

後天宮位的衍生

面對詢問者各式各樣的提問，
占星師到底要怎麼鑽研才招架得住呢？
其實在卜卦盤當中，
後天的衍生宮位暗藏了諸多玄機，
在了解這些解碼祕訣後，所有的問題都有對應之道了！

　　當我們學會以前一章所介紹的十二後天宮位來尋找用事宮位後，在靈活多變的卜卦占星當中，僅用十二後天宮位作為用事宮位仍然是不足的。所以，我們要再進一步討論衍生宮位，才能涵蓋各種卜卦問題所要找的用事宮位。或許很多讀者對於這個章節的標題相當陌生，但衍生宮位卻是在古典占星中相當重要的一個觀念，特別是在卜卦的應用上，更為重要。

　　衍生宮位的定義就是在原星盤（Radical Chart）上找到相關用事人的代表宮位，再以用事人的代表宮位當作新的第一宮，依次重新排列其餘各宮，成為新的十二宮位的位置。

代替當事人詢問的衍生宮位

　　前面介紹後天宮位時，我曾經提到一個卜卦占星相當有趣而實用的應用範圍，那就是**我們可以為任何人卜卦詢問問題，只要詢問者確實掛心當事人的問題，卦象自然就會有其準確性**。我曾經遇過一個案例，一個好友代她的大學同學打電話給我，想請我看看同學是否適合換新工作。我在當時已經確認問題，並以此時刻作為起問的卜卦盤，也約定了會談的時間。等到好友偕同同學與我會面時，我便以先前來電時刻的卜卦盤來分析。當事人有點不悅，因為她認為自己沒有親自提問。我的解釋是：先前好友的來電與當事人當面提問的問題內容是一樣的，加上以衍生宮位來確認當事人的外形與個性，也相當吻合實況。在一事不兩問

的原則下，我覺得以來電時刻來起卦已經具備有效性了，當事人無須再提問一次。經過我的這番解釋，她才因此釋懷。

　　只是在分析卜卦盤時，當詢問者並非詢問與自己相關的問題時，卦象中就不再以原星盤的第一宮作為當事人的宮位，而是以當事人與詢問者的關係去找出新的第一宮，然後重新排列其他宮位，再找出當事人詢問事項的宮位，以判斷詢問事項的好壞。我們稱這個重新排列的新的後天宮位，叫作衍生宮位（Derived House），並且去確認衍生宮位相對於原始宮位（Radix House）的所在位置為何。像前面的例子，好友幫大學同學詢問，此時要以第九宮（大學以上的同學）作為問事的當事人的第一宮，再以此重新排列其餘各宮。

　　以下就舉幾個衍生宮位的案例，讓大家練習。例如：關心子女教育問題的母親來詢問子女的大學考試能否順利。此時，起出的卜卦盤第一宮是母親本人，第五宮則代表她的子女，判斷時會以第五宮當作新的第一宮，再重新依次排列其他宮位。因為所問事項是高等教育的考試，所以與子女的第九宮有關，但此時我們要以新的第一宮（也就是子女的第一宮）去找出新的第九宮。子女的第九宮就是：（5－1）＋9－12＝1，也就是原本的第一宮。因此，卜卦

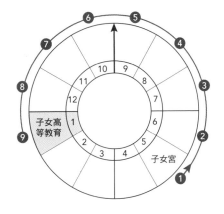

從原星盤衍生出子女高等教育宮

的主要判斷因子就會以第五宮與第一宮之間的關係，來判斷子女的考試能否順利過關。

　　如果上面的案例完全難不倒你，再看看下一個案例吧！假設，我很擔心嬸嬸的疾病，想為她詢問疾病的狀況，此時，要從我詢問的卜卦盤去找到嬸嬸的代表宮位。嬸嬸是誰呢？嬸嬸是叔叔的太太，叔叔又是父親的手足，因此我要找到第四宮（代表父親的宮位）的第三宮（代表手足的宮位。叔叔等於父親的手足）的第七宮（代表配偶的宮位。嬸嬸等於叔叔的配偶）。讀到這裡，不要因為以下都是數字就跳過喔。嬸嬸的宮位的計算方式是：（4－1）＋（3－1）＋7＝12，最後的結果，嬸嬸就是第十二宮。

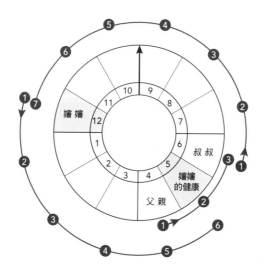

從原星盤衍生出嬸嬸的健康宮

　　我就會以第十二宮當作新的第一宮，然後再去找出嬸嬸的疾病宮位。疾病主要看第六宮，所以嬸嬸的疾病宮位的計算方式就是：（12－1）＋6－12＝5，原本的第五宮就成了嬸嬸的疾病宮位。此時，卜卦的主要判斷因子就會以第十二宮與第五宮之間的關係，來判斷疾病對於嬸嬸的健康影響有多大。經過這樣的解釋，相信聰慧的讀者應該都懂了吧！

　　在本命盤裡，畢竟是以自己的世界觀去投射出外界，整張星盤還是環繞在以自己爲主軸的探討，所以本命盤衍生宮位的應用，一般不會超過兩層以上的衍生關係。也就是說，用自己的星盤去看直屬親人的關係仍可以有準驗度，因爲他們跟自己的人生有密切的關連性。如果超出這樣的關係，像前面的例子，要用自己的出生星盤去解析嬸嬸的健康，可能會有所失眞。

　　但是，卜卦可以代替他人詢問，所以，**卜卦盤就沒有衍生宮位的限制範圍，要衍生出幾層的關係都可以。只要你是眞心誠意幫這個關係人詢問，就能以衍生宮位找出你們之間的關係。**就算找不到關係，就像前面所提過的：粉絲詢問韓國偶像明星的感情狀況，因爲我們無法以宮位的關係找出「粉絲—偶像」之間的宮位關係，所以我們可以直接以粉絲作爲第一宮，而已經在問題中指出姓名的韓星，就以第七宮作爲代表；然後將第七宮作爲新的第一宮，其餘各宮再依次重新排列，如此便可以判斷韓星的感情狀況。由此，你就可以了解，**第七宮在卜卦盤當中可以變身爲許多角色，**它的好用之處便在此。

常見的衍生宮位意涵

　　以下就是卜卦盤裡常見的衍生宮位的意涵。如果有多層的衍生關係時，以下列項可能族繁不及備載，沒有涵蓋在當中的部分就需要讀者自己去推演了。

第一宮

手足的人際關係 (第三之十一宮)　　配偶手足的感情 (第七之三之五宮)

叔伯的生死或借貸 (第四之三之八宮)　　配偶的姪子外甥 (第七之三之五宮)

父親的事業 (第四之十宮)　　配偶的合作關係 (第七之七宮)

子女的高等教育或海外運 (第五之九宮)　　大學同學的感情與子女 (第九之五宮)

女婿媳婦的手足 (第五之七之三宮)　　阿姨舅舅的錢財 (第十之三之二宮)

寵物的生死 (第六之八宮)　　母親的房屋 (第十之四宮)

同事的生死或借貸 (第六之八宮)　　外祖父母 (第十之四宮)

第二宮

手足配偶的工作或疾病 (第三之七之六宮)　　子女的事業 (第五之十宮)

手足的暗中困擾 (第三之十二宮)　　同事的海外運 (第六之九宮)

叔伯的海外運 (第四之三之九宮)　　配偶的生死或借貸 (第七之八宮)

父親的願望或人際關係 (第四之十一宮)　　阿姨舅舅的中學同學 (第十之三之三宮)

女婿媳婦的父親（第五之七之四宮）　　母親的投資或感情（第十之五宮）

第三宮

父親的暗中麻煩（第四之十二宮）　　妯娌或連襟（第七之三之七宮）

叔伯的事業（第四之三之十宮）　　配偶的海外運或考試教育（第七之九宮）

女婿媳婦的感情或投資（第五之七之五宮）　大學同學的配偶（第九之七宮）

子女的願望或人際關係（第五之十一宮）　母親的工作或疾病（第十之六宮）

同事的事業（第六之十宮）　　阿姨舅舅的房屋（第十之三之四宮）

第四宮

手足配偶的生死或借貸（第三之七之八宮）　子女的暗中麻煩（第五之十二宮）

手足的錢財（第三之二宮）　　配偶的事業（第七之十宮）

叔伯的願望或人際關係（第四之三之十一宮）　阿姨舅舅的子女或感情（第十之三之五宮）

女婿媳婦的工作或疾病（第五之七之六宮）　母親的合作關係（第十之七宮）

第五宮

手足的中學同學（第三之三宮）　　同事的暗中麻煩（第六之十二宮）

手足配偶的高等教育（第三之七之九宮）　配偶的願望與人際關係（第七之十一宮）

手足配偶的海外運（第三之七之九宮）　母親的生死或借貸（第十之八宮）

父親的錢財（第四之二宮）　　阿姨舅舅的工作或疾病（第十之三之六宮）

叔伯的暗中麻煩（第四之三之十二宮）　朋友的配偶（第十一之七宮）

第六宮

手足的房屋 (第三之四宮)　　　　　　配偶的暗中麻煩 (第七之十二宮)
叔伯姑姑 (第四之三宮)　　　　　　　配偶手足的事業 (第七三之十宮)
子女的錢財 (第五之二宮)　　　　　　母親的海外運或考試 (第十之九宮)
女婿媳婦的生死與借貸 (第五之七之八宮)　姨丈或舅媽 (第十之三之七宮)

第七宮

手足的感情或子女 (第三之五宮)　　　　子女的基礎教育或同學 (第五之三宮)
手足配偶的人際關係 (第三之七之十一宮)　女婿媳婦的海外運 (第五之七之九宮)
父親的房屋 (第四之四宮)　　　　　　同事的錢財 (第六之二宮)
祖父母 (第四之四宮)　　　　　　　　母親的事業 (第十之十宮)
叔伯的錢財 (第四之三之二宮)　　　　阿姨舅舅的生死或借貸 (第十之三之八宮)

第八宮

手足的疾病 (第三之六宮)　　　　　　同事的手足 (第六之三宮)
手足配偶的暗中麻煩 (第三之七之十二宮)　配偶的錢財 (第七之二宮)
父親的感情與投資 (第四之五宮)　　　　母親的願望與人際關係 (第十之十一宮)
叔伯的中學同學 (第四之三之三宮)　　　阿姨舅舅的高等教育 (第十之三之九宮)
子女的房屋 (第五之四宮)　　　　　　阿姨舅舅的海外運 (第十之三之九宮)
女婿媳婦的事業 (第五之七之十宮)

第九宮

嫂嫂姐夫（手足的配偶）（第三之七宮）　同事的父親（第六之四宮）

父親的工作或疾病（第四之六宮）　配偶的手足（第七之三宮）

叔伯的房屋（第四之三之四宮）　子女的感情、孫子（第五之五宮）

母親的暗中麻煩（第十之十二宮）　女婿媳婦的人際關係（第五之七之十一宮）

阿姨舅舅的事業（第十之三之十宮）

第十宮

手足的生死或借貸（第三之八宮）　同事的感情或子女（第六之五宮）

手足配偶的錢財（第三之七之二宮）　公婆或岳父母（第七之四宮）

父親的合作關係（第四之七宮）　配偶的房屋（第七之四宮）

叔伯的感情或子女（第四之三之五宮）　阿姨舅舅的人際關係（第十之三之十一宮）

子女的工作或疾病（第五之六宮）

第十一宮

手足配偶的手足（第三之七之三宮）　同事的工作或疾病（第六之六宮）

手足的海外運或高等教育（第三之九宮）　配偶的桃花或投資（第七之五宮）

叔伯的工作或疾病（第四之三之六宮）　配偶的（非婚生）子女（第七之五宮）

父親的生死或借貸（第四之八宮）　母親的錢財（第十之二宮）

女婿或媳婦（第五之七宮）　阿姨舅舅的暗中麻煩（第十之三之十二宮）

第十二宮

手足配偶的父母 （第三之七之四宮）　　叔伯的配偶 （第四之三之七宮）

手足的事業 （第三之十宮）　　　　同事的配偶 （第六之七宮）

父親的海外運或考試 （第四之九宮）　配偶的工作或疾病 （第七之六宮）

女婿媳婦的錢財 （第五之七之二宮）　阿姨舅舅 （第十之三宮）

子女的生死或借貸 （第五之八宮）

何時用衍生宮位？何時用原始宮位？

　　在看完前述的內容後，已經嘗試使用衍生宮位的讀者應會發現，有時衍生宮位會因為被過度衍生，以致在與原來宮位交叉運用時，產生令人混淆的狀況。舉例說明這種情況。如果母親想了解兒子目前之所以心情沮喪，提不起勁去上課的原因。母親懷疑是否因為兒子與父親之間的對立緊張關係，造成他的自信心低落。此時，我們就會以原始星盤的第五宮作為兒子的第一宮，那麼兒子的父親要用第幾宮呢？可能有人會以第五之四宮（兒子的父親），也就是原始宮位的第八宮代表其父親的宮位。但是不要忘了，兒子的父親就是詢問者的先生。所以兒子的父親應該是第七宮，也就是詢問者配偶的宮位。此時，就無需再以衍生宮位去找了。

　　再繼續以前例說明，母親想了解，如果讓兒子赴海外求學，能否改

善現況？此時，兒子赴「海外求學」應該使用原始星盤的第九宮，還是使用由第五宮所衍生出的第九宮呢？這裡的分辨邏輯是，當海外求學這件事情是屬於廣泛的定義，而不是專屬於兒子個人的狀況，那麼應該使用原始宮位的第九宮來判斷。除非母親所問的問題是：兒子能否順利通過海外某大學的入學申請。此時，是她兒子能否通過入學申請，那麼，就會以第五宮所衍生出的第九宮（第五之九宮）來作為用事宮位了。

　　有些重大事項，通常會在原始宮位與衍生宮位都看到同樣的徵象時，才會做出具體的判斷。例如：判斷死亡。如果在原始宮位的第八宮，還有在衍生宮位的第八宮，都有看到明確的傷害時，才能做出判斷。

比較新舊的衍生宮位

　　另一種常見的衍生宮位的運用，不僅適用於為他人問事的卜卦上，同時在許多問題上都是經常運用到的技巧。這種衍生宮位的技巧經常運用在詢問比較新舊的選擇題上。例如：新的工作機會與現職哪一個較好？新的住所與現在的住所哪一間較好？有關轉職的問題，通常會以第十宮作為主要的判斷因子。但是，在新舊比較的選擇題中，第十宮會被視為是現任的公司，而第十宮所衍生出的第十宮（非常饒舌喔！），則會是新的工作機會。何謂第十宮所衍生出的第十宮呢？就是以原本的第十宮當作第一宮，然後由此起算出新的第十宮，計算方式為：（10 -

1）＋ 10 - 12 ＝ 7，所以第七宮就成了第十之十宮，它就代表新的工作
機會。然後，占星師再去比較第十宮與第七宮之間的好壞差異，以此來
決定新舊工作的去留。

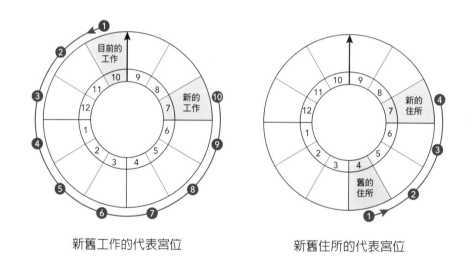

新舊工作的代表宮位　　　　　　新舊住所的代表宮位

　　同樣地，當我們詢問新舊住所哪一間較好時，就會以第四宮作爲舊
的住所，然後以第四宮所衍生出的第四宮，當作是新的住所。第四之四
宮的計算方式爲：（4 - 1）＋ 4 ＝ 7，也就是第七宮。所以，我們就來
比較第四宮與第七宮之間的好壞差異，以此判斷詢問者究竟要留在舊的
住所，還是搬去新的住所。這樣的邏輯，只要比較的選項是一舊一新，
舊的選項就是以原本的宮位來代表，舊的宮位（假設爲第N宮）的第N
宮（第N之N宮）便代表新的選項。例如：處在選擇感情對象的兩難之
中，一個是已交往多年的男友，一個是新認識但尚未交往的對象。此
時，相信聰明的讀者已經知道該怎麼運用上述的邏輯了。答案就是：現

任男友是第五宮，新的對象就是第五之五宮，也就是：（5－1）＋5＝9。於是，第九宮就是新認識的對象。

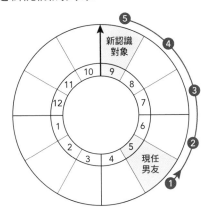

新舊男友的代表宮位

狀態平等的選擇題

相信聰明的讀者在看完前面衍生宮位的運用後，一定會冒出另一個疑問，那就是當詢問的選項並非是一新一舊，而是兩個以上狀態平等的選擇題時，那麼前面所提到的衍生宮位的方法就不適用了。還有其他的判斷方法嗎？

當選項不是一新一舊，而是同時處於平等狀態的兩個以上的選擇題時，例如：你因為要出國移民，必須把手中三間位於臺

北市的房子賣掉其中一間來變現時，你應該要選擇哪一間才好？
（我假設自己有一天也能夠問出這樣的問題，呵呵！）以下要介
紹另一種也適用於選擇題的衍生宮位的技巧。此時所用的衍生宮
位，則是運用手足關係，也就是以每個宮位的第三宮來挑選。此
時，我們必須在心中排序，第一間房子就是代表房地產的第四
宮，第二間就是第四宮的手足（第四之三宮），也就是第六宮
（（4 - 1）＋ 3 = 6），第三間就是第八宮（第六之三宮：（6 - 1）＋ 3
= 8）。我們可以就此三個宮位的好壞，或者哪一間變換成現金動產較
為豐厚，來做判斷了。

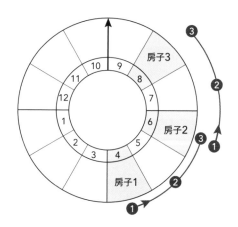

三間房子的代表宮位

第 4 章

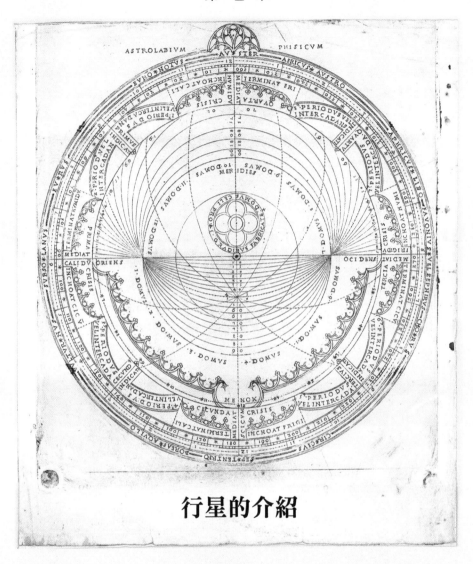

行星的介紹

行星是卜卦盤當中的主角。
用事宮位的宮主星、宮內行星,
還有詢問問題的自然代表主星,
都是所謂的代表因子,
是用來推演事情始末的重要依據喔!

　　當我們找出當事人與詢問問題所代表的後天宮位後，就可以決定哪個行星是代表當事人，哪個行星是代表所詢問的人事物，然後透過行星之間的關係，才能推演出事情的始末。以下先說明這些行星在不同狀態所扮演的各種角色。

宮位代表因子

　　後天宮位是演出事項的場景，而行星，是演出這場戲的主角。例如：詢問的事項是有關事業的發展，那麼第十宮就是詢問事業發展的演出舞臺，而落在第十宮內的行星，以及主管第十宮的行星（十宮主）就是演出的主角。

　　我們稱這些行星為第十宮的「主要代表因子」，我們可以從這些代表因子所具有的行星特性，去描繪事業的徵象。

　　例如：第十宮內見到太陽。根據太陽的形象：光亮、耀眼、矚目的焦點等，就表示這是一家頗有知名度的企業。此外，第十宮的宮主星為土星，我們就可以根據土星的形象：壓力、辛苦、困難、呆板、保守老舊，但也見到規律與穩定……等形容詞，來描繪所詢問的事業發展徵象。上述的太陽與土星都是第十宮事業的代表因子。但是在卜卦占星中，宮主星的分量會比宮內星略重，因此土星的重要性會略勝過太陽。

宮主星所在位置

　　再來，還要考慮土星是落入哪個宮位，也就是土星這個演員從事業場景的主戲碼，演出到另一個場景，這兩個場景就會透過演員的串連，交織出彼此相關的戲碼。例如：土星落在第八宮，由於第八宮代表當事人的借貸金錢或是合作利益，因此表示事業發展的主要困難可能是來自背後有著借貸金錢的壓力，讓當事人倍感沉重。亦即，透過土星所在宮位與主管宮位形成這兩個宮位的串連意涵。當然，上述的例子也可以分析太陽主管哪個宮位，如此分析會更加活化整個故事的交織發展。

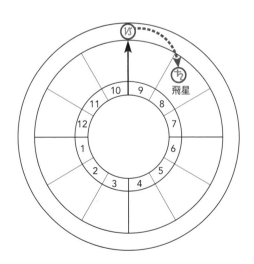

第十宮主土星在第八宮

　　透過宮主星去串連兩個以上的宮位意涵，是卜卦占星中相當靈活的運用。可想而知，十二個宮主星會在十二個不同的宮位，將有十二乘以十二種的不同變化。因為每個宮位所代表的意義相當多元，限於篇幅，在此難以一一說明，讀者需自行依照宮位的原始意涵去推演。在此處的演繹上，占星師難免會直接依據經驗值，去串連兩個宮位的常見意涵。然而實務上，還是必須與當事人討論過，以免有錯置的狀況。

　　例如：前例中的十宮主土星入第八宮，也可能因為十宮主代表母親，第八宮為死亡及遺產，土星入第八宮代表母親的死亡；結果事業發展的主要狀況，是因為當事人接手母親身後留下的家族企業，然後遭遇股東利益分配的困難。這也是第十宮串連第八宮的意涵，所以可以先與當事人諮詢釐清，才能避免方向判斷錯誤。

自然代表徵象

　　除了使用後天宮位的宮內星與宮主星作為主要代表因子，必須加上這些行星的原本徵象合併判讀，就是「自然代表徵象」。例如當卜問對象的代表因子是月亮，則代表對方是個關心照顧人、情感充沛的對象。

　　每種問題可能有具體的自然代表主星，但也可能沒有具體的自然代表主星，這就要看所問問題的意涵，跟行星代表人事物是否具有直接的關連。如果有，就會加上自然代表主星的分析，否則就會直接以宮位代

表因子作為主要判斷的主角。

　　有些問題可能會直接以自然代表因子作為判斷。例如：當事人詢問需要多久時間才能走出目前的情緒低潮？此時，情緒的自然代表主星就是月亮，可以直接判斷月亮離開目前的困難位置需要多久的時間，以表示當事人會花多久的時間走出低潮期。此時，就以自然代表主星作為主要判斷的主角。

共同代表主星——月亮

　　在卜卦占星中，最吃重的角色莫過於月亮了。因為卜卦占星，就是在不同時刻心緒念頭的快速變化，與宇宙星體的交互共鳴所產生出的結果。

　　而所有的行星當中，月亮的運行速度最快，大約是每兩個小時移動一度，而且月亮是地球的衛星，距離地球最近，深深牽引著地球上人類心緒的變化，因此，卜卦占星與月亮的特徵甚為吻合，月亮便成為詢問者的「共同代表主星」（cosignificator）。

　　月亮的判斷方法，會在第七章做更清楚地說明。以上說明完行星這個主角是如何在舞臺上場演出，我們就來一一介紹行星，以及它們分別擁有的各種特質。

行星介紹

太陽 Sun ☉

◆ 行星性質：吉星，陽性行星
◆ 位在廟旺陷弱的星座：

廟星座：獅子座　　　　　　陷星座：水瓶座

旺星座：牡羊座　　　　　　弱星座：天秤座

◆ 正面特質：重視承諾信用並遵守規範、舉止莊重高尚尊貴、具有創造力與領導力、喜歡名譽榮耀與受人肯定、舉手投足都顯露自信權威與勇氣、慷慨大方、喜歡小孩與玩樂。

◆ 負面特質：自大傲慢虛榮心重、好賭愛玩、自認高人一等而輕視他人、盲目的自信、自我本位主義、愛現受人矚目但表現乏味、不在意他人的感受、認為別人都應該為他著想。

◆ 主要代表徵象：權力、生命力、自我價值、人生目標、創造力與才華、地位、尊貴、政府機關、政治、矚目焦點、得獎、成名、賭博、投機、股市證券交易、娛樂。

◆ 所代表之人：元首、老闆、主管、在上位主導者、優勝者、崇拜的英雄、父親、丈夫（女性詢問婚姻感情）、戲劇、導演、明星、社會名流、證券交易員、三十五至四十五歲男性。

◆ 外觀：太陽代表的外觀是骨架大、體格強壯且均衡健康，具有紅潤的氣色及充沛的活力，頭部較大且有飽滿寬闊的額頭，眼睛大且眼神銳

利。

◆ 顏色：太陽主宰黃色、金色、鮮紅色與紫紅色。

◆ 藥草與植物：太陽代表的植物都是開著黃色或是紅色的花，形體高貴，生長在開闊陽光普照的地方，這些植物能舒展心臟、活化生命力、舒展眼力、抵抗毒物、抵擋凶星的影響。例如：向日葵、番紅花、金盞花、大麥、柑橘樹。

◆ 礦石：太陽代表火紅色的光芒，所以它主宰的礦石爲金礦、紅鋯石、紅玉、紅寶石等。

◆ 日期：星期日

◆ 場所：代表荒野、岩石崎嶇不平之地、貧瘠旱地或人跡罕至之處，還包括森林與樹林。也主管高聳醒目的建築物，例如城堡、宮殿、政府機構、劇院、莊嚴壯麗的建築、電影院、豪華的娛樂場所。論及房屋的內部裝潢時，會是壁爐或靠近壁爐附近的地方。

◆ 器官及疾病：背部、心臟、血液、循環系統、動脈、男性右眼、女性左眼等部位病變、嘴巴生瘡、潰爛或癌變。

月亮 Moon ☽

◆ 行星性質：吉星，陰性行星

◆ 位在廟旺陷弱的星座：

廟星座：巨蟹座　　　　　　陷星座：魔羯座

旺星座：金牛座　　　　　　弱星座：天蠍座

◆ 正面特質：心地溫柔包容、感性關懷、對人有同理心、關心照顧人、具有母性、愛家庭、想像力豐富、喜愛和平重視生活、念舊記性佳、

　　喜歡研究歷史、擅長許多生活與家務能力、聽從和孝順長輩。

◆ 負面特質：情緒起伏不定、內在空虛缺乏安全感、會記恨翻舊帳防衛心強、愛搞小圈圈、心情敏感、易受別人言語刺激或動搖、會用感情親情勒索、以吃來補償內心空虛。

◆ 主要代表徵象：所有問題的共同代表因子（cosignificator）、心情、直覺、安全感、保護與照顧、波動、變化和反覆無常的情緒、家庭、住家環境、飲食、餐廳、懷孕生產、日常家居用品、食品雜貨、液體、跟水與海有關的事物、歷史。

◆ 所代表的人：皇后、母親、妻子（男性詢問婚姻感情）、女性的統稱、社會大眾、護士、逃亡走失者。

◆ 外觀：月亮通常代表有白皙的外形、圓臉、毛髮茂盛、眼球顏色較淺、眼睛可能會一大一小、手較短但多肉、整個身體都易肥胖豐滿。

◆ 顏色：月亮代表白色、灰白黃、灰白綠或銀色。

◆ 藥草與植物：月亮代表的植物都具有柔軟多汁的葉子，嘗起來有點甜味，在多雨水的地區易迅速生長，以及所有葉子為圓形闊葉茂盛成蔭，且富有汁液的樹木或是草藥。例如：油菜、甘藍、甜瓜、葫蘆、蘑菇、莒 菜。

◆ 礦石：月亮代表乳白色的礦石，如月光石、雪花石、珍珠、軟玉、銀。

◆ 日期：星期一

◆ 場所：農園、噴泉或水源口、澡堂、海港、港口城鎮、河流、魚池、水塘、沼澤地、溫泉地、水族館、船泊、餐廳、渠道、潮濕的地下室。

◆ 器官與疾病：胃、腹部、乳房、子宮卵巢、月經周期、荷爾蒙、男性

左眼、女性右眼等部位的疾病、精神官能症、食欲不振、貧血。

水星 Mercury ☿

◆ 行星性質：中性行星
◆ 位在廟旺陷弱的星座：
　　廟星座：雙子座、處女座　　　　陷星座：射手座、雙魚座
　　旺星座：水瓶座（現代定義）　　弱星座：獅子座（現代定義）
◆ 正面特質：聰明反應快理解力強、語言表達力佳、喜歡學習求知欲
　　強、邏輯思考力佳、擅長收集資訊、擅長寫作教學演講與計畫、具判
　　斷力且有清晰的論點、擅長交易與業務的天賦能力。
◆ 負面特質：談話輕浮無聊、大言不慚而無見解、好辯刻薄、前後不
　　一、奸詐狡猾、說話不誠懇、假裝懂很多知識卻多是未經判斷、曲解
　　原意的空話、神經緊張。
◆ 主要代表徵象：思考、智商、聰明、知識、學習、演講、語言表達、
　　廣播、網路、郵件、簡訊、學校、出版、書籍、報紙、海報、契約文
　　件、文藝活動、商業交易買賣、討價還價、交通工具、例行性交通移
　　動、鑰匙、問題。
◆ 所代表的人：教師、演說家、編輯、作家、學生、秘書、推銷員、仲
　　介、手足、年輕人、鄰居、騙子。
◆ 外觀：水星代表高挺而瘦的身材、窄長的臉有高額頭、鼻子長窄薄嘴
　　唇、眼睛清澈、手臂手指與手掌都長、頭髮少而細。
◆ 顏色：水星代表的顏色是灰色混合天空藍的顏色，或多種顏色並存。
◆ 藥草與植物：水星代表的藥草或植物會開有多色的花，生長在沙漠貧

瘠之地，種子有殼或是莢包覆著，通常聞起來無味，主要有助於舌頭、腦部、肺部與記憶力，能安撫情緒、清除身體氣淤狀況。例如：豆類、三葉草、胡桃樹、榛果樹、接骨木、八角。

◆ 礦石：水星代表的礦石同時具有好幾個顏色，如瑪瑙、大理石，以及水銀、玻璃。

◆ 日期：星期三

◆ 場所：貿易中心、市場、會議演講廳、學校、郵局、圖書館、出版社等。

◆ 器官與疾病：神經系統、手臂、肺、呼吸系統、右腦、耳朵等部位的疾病，水星嚴重受剋時，會有智力、學習、語言能力或神經方面的疾病。

金星 Venus ♀

◆ 行星性質：吉星，陰性行星

◆ 位在廟旺陷弱的星座：

廟星座：金牛座、天秤座　　　陷星座：天蠍座、牡羊座

旺星座：雙魚座　　　　　　　弱星座：處女座

◆ 正面特質：具清秀美麗的外觀與優雅氣質、有流行時尚感與藝術氣息、友善喜歡社交、人際關係和諧、善於表達愛意、懂得舒適過生活、培養才藝與興趣、有財富物質可享受。

◆ 負面特質：喜歡享受好逸惡勞、過分浪漫甚至縱情放蕩、懶散依賴心重、奢侈浪費、假意維持表象和諧關係卻不敢說真話、耳根子軟沒有決斷力。

◆ 主要代表徵象：愛情、情感、婚姻、緋聞、社交生活、慶典、藝術美學、流行時尚、舒適享受、協調、公關、唱歌、音樂、美食、服飾、織品、裝飾品、畫作、珠寶精品、奢侈品、化妝品、禮物。

◆ 所代表的人：年輕女性、母親（日間盤）、銀行人員、藝術家、音樂家、美食家、紈褲子弟、模特兒、妓女。

◆ 外觀：身材比例勻稱、膚質白且細緻、比例合宜的鵝蛋臉、有可愛的酒窩、櫻桃色的美唇、大又圓的美麗眼睛、眼神誘人、柔順且豐厚的頭髮。

◆ 顏色：金星代表白色與奶油色，或是所有淺色系，如淺黃色或淺綠色。

◆ 藥草與植物：金星主管永遠長青的愛神木，以及具有甜味、愉悅的香味、開著白色的花、樹葉平滑無鋸齒形狀的植物，例如：白色與黃色百合、百合谷、鐵線蕨、紫羅蘭、白色與黃色的水仙花。

◆ 礦石：銅製品、黃銅合金、紅寶石、珊瑚。

◆ 日期：星期五

◆ 場所：美術館、藝廊、音樂廳、公園、精品店、服飾店、衣櫥、銀行。

◆ 器官與疾病：靜脈系統、腎臟、腰部、膀胱、泌尿系統、生殖系統（特別指女性）、喉嚨、頸部、甲狀腺、扁桃腺等器官的疾病。金星也代表常因為縱欲而導致的疾病，如性病。

火星 Mars ♂

◆ 行星性質：凶星，陽性行星

◆ 位在廟旺陷弱的星座：

廟星座：牡羊座、天蠍座　　　　　陷星座：天秤座、金牛座

旺星座：魔羯座　　　　　　　　　弱星座：巨蟹座

◆ 正面特質：果敢積極直接、不屈不撓的勇氣、有熱情活力衝勁十足、開拓與運動能力強、不喜歡被人超越、勇於面對危險無懼戰鬥、透過競爭比賽以獲得勝利。

◆ 負面特質：輕率魯莽衝動、喜歡鬥爭叛亂、無視他人而爭強出頭、霸道過分干涉、侵略性強、急躁易怒殘酷、易有意外危險或血光之災。

◆ 主要代表徵象：企圖、野心、積極、行動、激進、精力、匆忙、破壞、易怒、衝突、危險、傷害、競爭、開刀血光、切割、金屬機械、尖銳器具、戰爭、武器、性欲、火災、意外災難、犯罪、火熱、燒燙等狀態，也代表任何突然發生的事物：突然離開遠行、不期望出現的事物：如訴訟，以及事物分離（分裂）：例如道路中斷。

◆ 所代表的人：二十五至三十五歲的男性、軍人、外科醫生、消防員、廚師、屠夫、機械工匠、冶金工、運動員、破壞者、獨裁者、罪犯、強盜、兇手。

◆ 外觀：身高中等但體格強壯、骨頭粗大不瘦、棕紅色的臉色、頭髮捲曲、銳利大膽的眼神、聲音刺耳、自信不畏懼的表情。

◆ 顏色：火星代表紅色或黃色和橘色，主要是燃燒及閃亮的火紅色。

◆ 藥草與植物：火星主管的植物是紅色的、葉子形狀為尖頭且銳利、嘗起來的味道是刺激與嗆辣的、喜歡生長在乾漠之地，能以其強烈熱性滲入血液中，例如：薊、刺藤、洋蔥、芥末子、胡椒、薑、　蔥、苦薄荷，以及多刺的樹，例如棘或栗子樹。

◆ 礦石：打火石、磁石、雞血石、璧玉、紅鉛與硃砂、鋼鐵。

◆ 日期：星期二
◆ 場所：熔鐵爐、火爐、屠宰場、磚窯或炭窯、煙囪、紅色尖塔、修理器械房、火災區、戰區。
◆ 器官與疾病：頭部、紅血球、膽汁、肌肉、生殖系統（特別指男性）、性腺、男孩割包皮、腎上腺素等器官的發炎、發燒、手術開刀、出血、燒燙傷等症狀，以及因機械或運動而造成的傷害，或因情緒及怒氣而產生的疾病，舌頭不聽使喚。

木星 Jupiter ♃

◆ 行星性質：最大吉星，陽性行星
◆ 位在廟旺陷弱的星座：

廟星座：射手座、雙魚座　　　　陷星座：雙子座、處女座

旺星座：巨蟹座　　　　　　　　弱星座：魔羯座

◆ 正面特質：待人公正、充滿感恩心、尊敬長者並慈愛弱勢者、樂於使所有人受惠、會以光明的方式完成崇高的理想、有道德感及虔敬宗教意識、心胸開闊樂觀、學問高有國際觀、運動能力佳。
◆ 負面特質：表面行善卻不真誠的偽善者、盲目樂觀、奢侈浪費放縱、愛自耀自誇、不夠務實、易受他人欺騙、無知粗心。
◆ 主要代表徵象：精神道德、宗教信仰、智慧、先知、法律、幸運、擴張、福氣、豐盛的、成功、財富、賭博、國外事務、異國文化、高等教育。
◆ 所代表的人：高貴受人敬重者、貴族、富裕的人、律師、法官、哲學家、宗教家、住持或主教、外交官、大學教授、精神導師、金融財政

主管、外國人、中年男性。

◆ 外觀：木星擁有高大直挺的身材、紅潤秀麗的氣色、長而豐滿的鵝蛋臉、額頭高、頭髮柔軟茂盛、腹部大且廣。

◆ 顏色：藍綠色、紫色、黃綠色。

◆ 藥草與植物：木星代表的植物會結滿纍纍可食用的部位，如：草莓、小麥、橙樹、荳蔻樹、琉璃苣。

◆ 礦石：錫、紫水晶、藍寶石、綠寶石、綠松石、黃水晶、黃玉。

◆ 日期：星期四

◆ 場所：法院、律師事務所、教堂、寺廟、大學、銀行。

◆ 器官與疾病：肋骨、肝臟、胰臟、動脈、臀部、坐骨神經等器官的疾病，常與肥大或代謝功能不佳的問題有關。

土星 Saturn ♄

◆ 行星性質：最大凶星，陽性行星

◆ 位在廟旺陷弱的星座：

　　廟星座：魔羯座、水瓶座　　　　陷星座：巨蟹座、獅子座
　　旺星座：天秤座　　　　　　　　弱星座：牡羊座

◆ 正面特質：深度思考力、務實自律、勤於勞動獲得物質而不浪費、謹言慎行、忠誠度高有責任感、有耐性逐步克服難關。

◆ 負面特質：缺乏自信而欽羨他人、貪圖忌妒他人所有物、艱困愁苦而常提心吊膽、以抱怨發牢騷來掩飾內心卑鄙不安、易對他人懷恨而冷漠嚴峻、心胸狹窄而無情自私、負面悲觀而劃地自限。

◆ 主要代表徵象：責任感、耐性、認真、勤奮、儲蓄、保守、憂鬱、機

會少或不佳、困難、阻礙、限制、損失、嚴肅、低落、延遲、負債、
貧窮、結構組織、慣性、苦行、苦難、業力、死亡、寂寞、上了年
紀、營建土地、不動產、礦石泥土、黑灰暗處。

◆ 所代表的人：實業家、父親（夜間盤）、有權勢威嚴的男性、老年
人、祖父、孤兒、祖先、與世隔絕的人、鉛管工人、土木建築師、採
礦工、在農場工作的勞工、礦工、皮革工人、太監宦官、乞丐、奴
隸、死者、守墓者、禁慾苦行者、低階級的人、貧困窮人、受責難的
人。

◆ 外觀：中等身材、氣色蒼白、眼睛小而黑且常下垂、頭髮粗黑且乾
硬、較大的耳朵、厚嘴唇與寬鼻子、鬍鬚稀少、表情沉重不開心、肩
膀寬闊卻常彎腰駝背、腹部小而瘦、大腿瘦、膝蓋關節與腳粗大。

◆ 顏色：灰黑、棕褐色。

◆ 藥草與植物：土星代表長在地底下的根莖類植物，以及黑灰色的植
物，例如：甘草、胡蘿蔔。

◆ 礦石：黑曜石、煤、鉛，所有未經雕琢的樸石，並且呈現灰黑色。

◆ 日期：星期六

◆ 場所：山、地下室、建築工地、廢棄的房屋、礦坑、監獄、墓地、教
堂庭院、井、洞穴、髒又暗之處、峭壁、斷崖，有植物、松木的沙
漠，近紫杉木的地方，幽暗的山谷；在室內代表門、門檻、屋簷。

◆ 器官與疾病：關節、骨骼系統、牙齒、脾臟、皮膚等部位的疾病、各
種結石風濕、或難以斷除的病症，因過慮害怕而發抖、憂鬱等精神疾
病，也主管臼齒、耳聾、或因為寒冷、風濕、恐懼噩夢帶來的疾病，
鉛中毒。

三王星

　　卜卦占星早在三王星被發現前，以前述的七個行星已能完整地演繹卜卦的架構了。而從兩百多年前開始陸續被發現的三王星，要如何納入卜卦占星的架構呢？由於三王星的移動速度非常慢，所以被稱爲**世代行星**，也就是說，它們的影響會跟世界環境的變革較有關係，跟個人的事項關連較小。因此，許多占星名家都建議，如果遇到問事宮位落在天蠍座、水瓶座、雙魚座時，會以火星、土星、木星作爲主要的代表因子，而將三王星作爲次要代表因子。我個人的經驗值是，如果三王星就落在問事宮位內，或是與主要代表因子形成相位，此時，仍不可忽略三王星的影響。

　　因爲三王星代表世界環境的影響，所以如果所問的事項是超越個人，屬於社會領域、個人難以控制的範圍，那麼三王星就可以躍升爲主角。再者，三王星也代表了現在生活迥異於古代的新事物，例如：天王星在第七宮，可能代表與配偶聚少離多。現代人因爲遠行交通便利，這樣的婚姻型態很常見，但是在古代卻無法如此。因此，**當問題本身是跟三王星所代表的新世代的生活型態有關時，就可以三王星爲主要代表因子了。**

天王星 Uranus ⛢

◆ 行星性質：凶星
◆ 正面特質：有天才般的聰明創造發明、不循慣例有個人主張、坦率直言提出異於眾人的看法、堅持所有人與萬物皆有平等權利、獨立自主不愛受限制。
◆ 負面特質：討厭從眾而刻意古怪不合群、自以為是而孤傲追求與眾不同、不屑他人而叛逆反常、有怪癖喜歡故意唱反調、與人關係難以預期而突然分離、不服從權威而造反。
◆ 主要代表徵象：聰明叛逆、創造天分、分離、斷裂、意外、離婚、突發的、叛逆、撞擊、任性而為、不可預期的暴力或致命的事件、革命、發明創新、科技、天才、科學家、電子相關產品、天文占星、社會意識、新世紀。
◆ 器官與疾病：腳踝、脛骨、小腿、下半身血液循環、神經系統等器官的疾病、突然意外。

海王星 Neptune ♆

◆ 行星性質：凶星
◆ 正面特質：具有理想主義而犧牲小我不計較、有宗教觀悲天憫人、重視精神生活、直覺感應力強甚至通靈、喜心靈藝術天分高。
◆ 負面特質：每天沉溺在不切實際的幻想中、生活漫無目標沒有秩序與組織、迷糊度日無所事事、難以振作而靠酒精麻痺逃避現實、易受人影響而自欺受騙。

◆ 主要代表徵象：理想化、愛幻想、靈修、催眠、善良、自欺欺人、受騙、不切實際、迷糊、無解、混亂、心智恍惚、界限模糊的、不真實的幻境、非世俗的、神祕的、自我毀滅、霧、夢境、音樂電影、藝術詩歌、石油、酒精、藥品、毒品、水、陰宅、鬼、慈善。

◆ 器官與疾病：腳趾腳掌、淋巴腺系統、體內各種組織液等器官的病變、過敏性疾病，或沉迷於麻醉、迷幻毒物的傷害。

冥王星 Pluto ♇

◆ 行星性質：凶星

◆ 正面特質：有強大的企圖心開創新局、有霸氣完成大事業的天賦、持續深入經營的毅力、理財能力強、能洞察人心、探究別人內心的黑暗面。

◆ 負面特質：常恐懼於內心的陰暗面，例如：深藏的恨意與妒意，致使無意識出現負面想法及強大占有欲，深藏著不可告人的變態心理，有殘忍虐待的犯罪傾向而走上自我毀滅。

◆ 主要代表徵象：陰謀、疑心病、洞察力、潛意識、心理學、精神分析、暗中偵查、秘密事項、性魅力、生死、毀滅後重生、死亡、遺產、保險、稅務、排泄排出、間諜、地下情報系統、強大的權勢、地下經濟活動、非法犯罪、黑道。

◆ 器官與疾病：生殖器官、子宮卵巢、攝護腺、肛門、直腸部位的病變，不易察覺的病因。

南北交點

　　月亮交點並非星體，而是月亮運行軌道-白道面與太陽運行軌道-黃道面之兩個對稱的交點，月亮的運行軌道也由兩交點分為南北兩半部，月亮由南緯向北緯與黃道交軌處稱為北交點，由北緯向南緯與黃道交軌處稱為南交點。月亮交點係以逆行的方向繞行黃道，約一個月運行3度，繞行黃道一周約18年又219天。這兩個交點並非行星，如落在問事宮位或與代表行星會合，仍不可忽視其影響力。即使南北交點具有相異的吉凶性，但兩者對月亮都視為有害的。

北交點 ☊

◆ 性質：吉性、陽性
　　在古典占星中，北交點的意義為向上、溫暖、吉性，並會增加所在位置的象徵事物。因此，北交點視為具有金木特質的吉星，依其會合行星的自然特質，而帶來榮耀與財富。北交點在卜卦盤可解釋為：前世的業果、冥冥中的好運、因應環境順勢而為。

南交點 ☋

◆ 性質：凶性、陰性
　　在古典占星中，南交點的意義為向下、冷的、凶性，並會縮減所在位

置的象徵事物。因此,南交點則被視為凶星,具有火土的特質,將依其會合行星的特質,而帶來貧困與不幸。南交點在卜卦盤可解釋為:前世的業障、冥冥中的困難阻礙、環境與其作對逆勢而為。

第 5 章

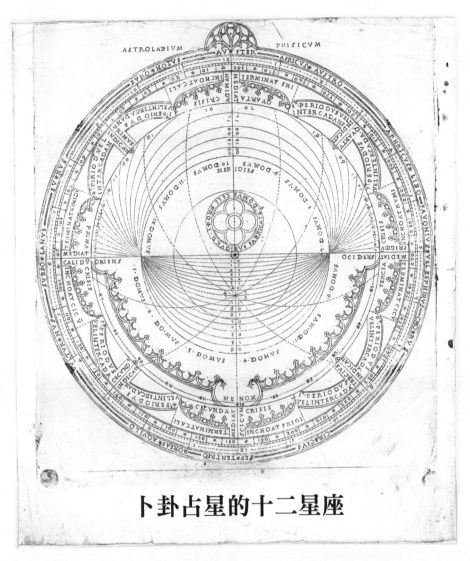

卜卦占星的十二星座

大家最熟知的占星知識莫過於十二星座了，

應用於卜卦的十二星座的許多徵象，

可代表不同的職業屬性、顏色、方位、性質……

只要深入掌握十二星座的特性，解盤絕對能輕鬆上手！

　　現代社會的社交場合中，經常用來拉近陌生距離的好方式，就是彼此聊起每個人的星座特徵，也因此，一般讀者對於占星學最熟悉的部分莫過於星座了。不過，由於星座內容在大眾語彙的傳遞渲染後，很多內容都跟原始星座的定義有所差距。此外，星座在卜卦占星學的應用上，也跟一般讀者的認識有很大的不同。

　　星座在星盤上並非是主角。星座完全是依據行星與宮位，才會有它的描繪意義。星座在占星盤上扮演著哪些角色呢？首先，每個行星、每個宮位的起始點，都會以星座的度數來標示，如此我們才能知道行星與宮位彼此的相對位置，所以，**星座可以說是行星與宮位的「座標位置」；再者，對於行星而言，行星所在的星座是用來衡量行星能力好壞的依據**。以前一章提到的行星的「廟旺落陷」星座來說明，例如：月亮在「摩羯座」就是入「弱」的位置，此時的月亮就較無力量發揮作用。

　　另外，依照宮位所在的星座位置，可以決定這個宮位的宮主星，例如：第五宮始點落在射手座，此時，木星就會是第五宮的「宮主星」（見右圖）。

　　最後，星座的徵象可以用來描繪人事物的特質。前一章我們提到，**宮位是事情發生的舞臺，行星是演出的主角，星座就是用**

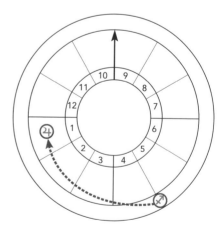

♃星為第五宮射手的宮主星

來形容宮位舞臺的背景色調，以及行星主角的個性特質。例如：當事人詢問某個心儀的男性跟自己的關係時，這個男性就會以第七宮來代表。如果第七宮宮內有太陽，表示這個男性是個天生具有領導力、較高社會地位的人（太陽的徵象）。而第七宮與太陽都落在巨蟹座，表示他是個心地柔軟、喜歡照顧別人的領導者（太陽落在巨蟹座的徵象）。此時，太陽仍是演出的主角，而巨蟹座，則是用來形容太陽所表現的特質。

　　前述所舉的例子是以「人」的個性來說明星座的形容方式，這對於讀者來說，應該相當常見且熟悉。但是在卜卦占星中，更多的問題是跟「事、物」有關，要能靈活以星座來形容事與物的具體特性，就必須知道更多星座所代表的徵象。也因為在卜卦中的星座徵象繁多，所以讀者要以經驗值去選擇合適的徵象。以下先介紹幾種常用的星座徵象類別，也分享個人實務經驗中這些類別常用在哪些問題上：

星座徵象類別

1.陰陽性

◆ 陽性星座：牡羊座、雙子座、獅子座、天秤座、射手座、水瓶座
◆ 陰性星座：金牛座、巨蟹座、處女座、天蠍座、摩羯座、雙魚座

　　以上類別常用在判斷「男或女」的問題上。例如：詢問懷孕胎兒

是男或女？此時，就可以子女宮的相關主要因子落在陰性或陽性星座居多，來以此判斷。

2.三方星座（四大元素）

　　占星師最常把十二個星座再細分成三方星座與四正星座兩個群組，然後依照這些群組的共同特性，以這些形容徵象來加以詮釋。**以下的三方星座的分類是將星座分為火、土、風、水四種元素性質，每個元素群組都包含三個星座，每個星座彼此間的距離為一百二十度，因此稱為三方星座。**

◆ **火象星座：牡羊座、獅子座、射手座，質料為熱與乾**
　　特質：外向的、好勝競爭、武斷的、精力充沛、冒險挑戰、喜歡運動、與火、熱、燙，和金屬等性質相關。

◆ **土象星座：金牛座、處女座、摩羯座，質料為冷與乾**
　　特質：有耐性的、有邏輯組織、穩定保守、腳踏實地、也易操勞憂鬱，與土地、泥礦、結構、乾冷等性質相關。

◆ **風象星座：雙子座、天秤座、水瓶座，質料為熱與濕**
　　特質：有創意想法、善社交溝通、掌握潮流資訊、擅長語言表達等性質相關，但會光說不做、想法變快速。

◆ **水象星座：巨蟹座、天蠍座、雙魚座，質料為冷與濕**

特質：直覺感受性強、感性有想像力、喜歡藝術心靈、有同情慈善
　　　心、念舊、但沉默含蓄、敏感易受傷，以及與水、潮濕的性質
　　　相關。

　　這個類別常用在判斷工作產業適合方向的問題上。例如：詢問者想
知道適合去投顧公司上班，還是去公家機關工作呢？如果他的人格特質
是火象居多，那麼就適合快速競爭的環境，選擇投顧公司就會比穩定的
公家機關來得適合。這個類別也常用在尋找失物、走失者的線索上，或
是天氣預測、買賣房屋的環境上等判斷。

3.四正星座（Quadrature）

　　**四正星座的分類，是取太陽在每個季節的第一、第二、第三個月
份，所座落的星座，共分為三組。每組各有四個星座，彼鄰的星座間距
離為九十度，因此稱為四正星座。**

◆ **啟動星座：牡羊座、巨蟹座、天秤座、摩羯座**
　　特質：喜歡主導主動參與、開創新局的能力、有事業心、目標導向、
　　　　　會象徵事物的起始或開端、流動性、轉變快速，但無法持久，
　　　　　時間也無法延長。

　　啟動星座為太陽進入每個季節的第一個月份，因為是每個季節的開
端，故代表開創、創新等意涵。此時的氣候多變不穩定，故也隱藏多變
的性質。在卜卦盤中，詢問事物有明顯的啟動特質時，表示此問題很快

就會有所改變。

◆ **固定星座：金牛座、獅子座、天蠍座、水瓶座**
　　特質：喜歡穩定規律，具有持續力與耐力，有原則但缺乏變通之道，
　　　　　顯示事物是穩定且持續、有組織、有方法。

　　固定星座為太陽進入每個季節的第二個月份。此月份的氣候是整
個季節中最穩定不變的，故代表穩定持續、牢固不變的狀態。在卜卦盤
中，詢問事物有明顯的固定性質時，表示此問題可能已經持續很久，或
是難以改變現況。

◆ **變動星座：雙子座、處女座、射手座、雙魚座**
　　特質：喜歡變化與多元化，具有協調性與彈性的能力，同時具備變
　　　　　化與穩定的特質，學習力與適應性佳，具多元性、對細節有興
　　　　　趣、觀察力及好奇心強，擅長重複性與頻繁性高的事項，但缺
　　　　　乏原則與承諾。

　　變動星座為太陽進入每個季節的第三個月份。此月份的氣候是整個
季節的最後一個月，即將進入下一個季節，是兩個季節氣候的交替過渡
的月份，故代表圓融調整、在兩種狀態中適應改變。在卜卦盤中，詢問
事物有明顯的變動性質時，代表詢問事項容易不穩定、狀況來來回回、
反反覆覆。

　　以上類別，也可以用來判斷工作任務的適性方向。例如：詢問者想

知道，自己適合擔任業務性質或是內勤客服性質的工作？此時，如果當事人的代表徵象多顯現為啟動星座，則可以判斷選擇業務性質的工作較為合適。這個類別也常用在疾病的病情是屬於長期慢性病或新病因的判斷上，也會用在買賣房屋等問題上，用以判斷房屋座落的位置。

4.雙元星座

前述的變動星座（雙子座、處女座、射手座、雙魚座），因為是處於兩個季節交替的月份，故又稱為雙元星座。由於這四個星座都帶著「雙重」的意涵，因此，**當詢問雙重性的問題時，就需要特別注意相關因子是否落在這個類別的星座上。**

例如：詢問者想知道，自己是否適合在正職之外，接受兼差的任務。如果此時工作的代表因子落在雙元星座上，顯而易見地，我們可以判斷這是適合當事人的。

5.人性星座、獸性星座、無聲星座

◆ **人性星座：雙子座、處女座、天秤座、前十五度的射手座、水瓶座**
◆ **獸性星座：牡羊座、金牛座、獅子座、後十五度的射手座、摩羯座**
◆ **無聲星座：巨蟹座、天蠍座、雙魚座**

這個類別在詢問特定人物的個性判斷時，可以用來加以描述。例如：詢問者想知道，新上任的主管是怎樣的性格。

　　如果主管的代表因子落在人性星座，表示這個主管比較和氣理性、好溝通；落在獸性星座，就表示較不容易溝通，處事上也較有不合理的「獸性態度」；落在無聲星座，表示是個不太開口表達想法的人，很難知道他在想什麼。

6.支配星座、服從星座

◆ **支配星座：牡羊座、金牛座、雙子座、巨蟹座、獅子座、處女座**
◆ **服從星座：天秤座、天蠍座、射手座、摩羯座、水瓶座、雙魚座**

　　這個類別也經常用在詢問特定人物的個性判斷上。以前例來說，如果詢問者的主管是落在巨蟹座，雖然是無聲星座，但也是命令星座。所以主管雖然不太擅長表達，但還是要注意這個主管的支配欲或主控性仍強。

7.荒地星座、肥沃星座

◆ 荒地星座：雙子座、獅子座、處女座
◆ 肥沃星座：巨蟹座、天蠍座、雙魚座

　　這個類別多用在詢問生育子女的機率高低。如果代表子女的因子，多落在肥沃星座上，即表示懷孕的機率較高；反之，多落在荒地星座上，則表示懷孕的機率較低。

8. 星座方位

這個類別很簡單易懂，就是詢問的問題中，可依據所落星座提供方向有關的線索。例如尋人、找失物、買賣租賃房屋等問題，最常見到此徵象的運用。

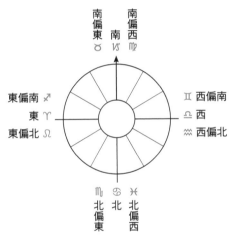

星座代表方位

9. 星座對應的顏色

這個類別，經常用在尋找失物的問題，或是車輛、房屋的描繪上。

星座	♈	♉	♊	♋	♌	♍	♎	♏	♐	♑	♒	♓
顏色	紅色	淡黃色	黃色	灰藍色	金黃色	綠色	淡藍色	暗紅色	紫藍色	灰黑色	水藍色	水綠色

10. 星座對應身體部位

這個類別，經常應用在詢問身體疾病的問題上。

星座	身體外部部位	身體內部部位或心緒層面
♈	臉部、眼睛	腦部
♉	脖子	喉嚨、聲帶、食道、甲狀腺、扁桃腺
♊	手臂、肩部	肺部、支氣管、神經系統、語言表達及思考
♋	胸腔、乳房	胃部、膽囊、消化系統、女性生殖系統、情緒
♌	脊椎、背部	心臟與血液循環系統
♍	腹部	腸道系統、交感神經系統
♎	腰部、腰椎	腎臟、腎上腺、膀胱、輸尿管
♏	肛門	生殖器官、攝護腺、直腸、子宮頸
♐	大腿臀部	肝臟、坐骨神經、尾椎
♑	骨骼與關節、牙齒、皮膚	情緒憂鬱自責
♒	小腿腳踝、脛骨	神經系統、下半身血液循環
♓	腳趾、腳掌	淋巴免疫系統、身體組織液、過敏、妄想

11.星座對應的職業

牡羊座：外科醫生、軍人、消防人員、運動員、探險隊、汽車或器械修
理技術人員、鐵匠、屠宰、廚師。

金牛座：財務金融業、銀行行員、會計出納、歌手、音樂家、鋼琴師、
珠寶商、金工設計師、美食家。

雙子座：講師、作家、部落客、記者、名嘴、廣播媒體人員、通訊業
者、電話行銷客服、書店人員、司機。

巨蟹座：家事管理、餐飲業者、飯店業者、家具行、生活雜貨用品店、
茶飲業、房產經紀人、歷史學家、古董業者、考古學家。

獅子座：老闆、社會名流、明星、演藝人員、證券投資業者、政府官
員、娛樂運動經紀人、荷官或博弈業者、電玩業者。

處女座：秘書、行政助理、服務人員、資料處理統計者、學術研究者、
衛生所人員、營養師、健康醫護管理人員、獸醫、佣人。

天秤座：流行時尚業者、公關、設計師、美容美髮業者、法官、調解委
員、外交官。

天蠍座：保險業、稅務人員、地下金融業者、殯葬業者、驗屍官、偵探、
間諜、性學家、心理學家、婦產科醫生、垃圾資源回收業者。

射手座：國際貿易、飛機機師或機艙員、大學教授、外語老師、律師、宗教家、神職人員、哲學家、出版業者、國際廣告業、導遊、單車運動員、足球運動員、馬術師。

摩羯座：實業家、政治家、建築營造業者、土地買賣業者、混泥業者、煤礦業者、農林業者、陶藝家、皮革師傅、守墓人。

水瓶座：電子科技業者、創意發明人、人權團體、社福團體、環保團體、民意代表、革命人士、天文占星師。

雙魚座：神秘玄學家、通靈者、催眠師、電影工作者或音樂藝術家、醫院工作者、監獄工作者、海洋生物學家、漁夫、水產業者、石油業者、販酒者、走私毒品者、騙子。

　　以上的類別雖然明顯是在判斷工作職業的問題上，但是也可以靈活運用在描繪問題中出現的各種人物。例如：詢問者想知道自己的未來另一半是怎樣的人，如果第七宮始點在天秤座，就可以利用以上天秤座的職業判斷去描繪詢問者的另一半。

12.星座對應的物品與其他徵象

牡羊座：與火及熱相關設備，如微波爐、電磁爐、瓦斯爐、烤箱、鐵器、消防器材、外科手術器具，也代表切割利器、發炎發熱等現象、火紅色物品。

金牛座：保險櫃、銀行、鈔票錢幣、會計帳本、存摺支票、飾品、禮
　　　　品、藝術品、樂器、貴重珠寶、美食。

雙子座：網路、文件、書本雜誌、契約、網誌、簡訊、手機、電話、便
　　　　條紙、新聞廣播、教學演講、寫作、教育機構、交通工具。

巨蟹座：女性用品、床枕棉被等生活用品、餐飲器具、水、歷史資料、
　　　　房屋、古董、有紀念意義的古物、傳家之物。

獅子座：名片、老闆的座位、優勝者寶座、證券股票、政府機關、麻將
　　　　桌、撞球檯、電玩等娛樂運動用品。

處女座：清潔勞動工具、衛生消毒設備、櫥櫃家具、盛放食品器皿、營
　　　　養保健品、醫藥箱等健康醫護器具、小動物用品。

天秤座：流行服裝、時尚飾品、花卉、圖畫、設計藝術品、美容彩妝保
　　　　養品、結婚證書、合作協定。

天蠍座：殯葬相關事物、殯儀館、保單、私房錢、當舖、偵探、間諜、
　　　　保險套、排泄物、馬桶、下水道、垃圾堆、焚化爐。

射手座：飛機、舶來品、機票護照、大學畢業證書、法律全書、外文書
　　　　籍、哲學思想書籍、法律證物、宗教物品、運動設施。

摩羯座：不動產、建築工地、泥土、煤礦、石頭、陶土、磚瓦、皮革、
　　　　園藝用具、農耕採礦用具、骨灰罈、棺木、老舊東西。

水瓶座：平板電腦、智慧型手機、導航系統、無線通訊設備等電子創新
　　　　科技產品。

雙魚座：催眠通靈物品、心靈藝術品、魚缸、捕魚用具、藥品、麻醉
　　　　劑、迷幻藥等毒品、石油、酒。

　　以上的星座類象，更是可以靈活運用描繪卜卦徵象裡的人事物。卜
卦經驗越熟練，就越能活用推演出貼切的徵象判斷。

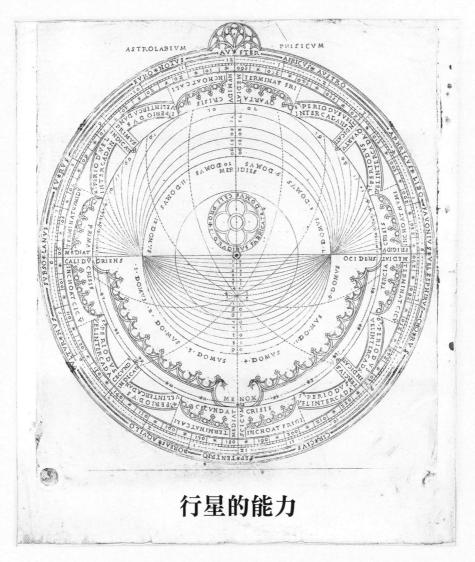

第 6 章

行星的能力

我們可以由行星所坐落的星座、宮位，
來交叉衡量出它所具備的能力。
行星的能力和狀態不能小覷唷，
這可是推斷事況好壞、成敗的關鍵所在！

　　讀完前面幾章的介紹後，相信讀者已經明白了行星、宮位、星座的個別意涵，以及各自在卜卦盤上所扮演的角色。其中最重要的演出者就是行星。因此，**在卜卦盤的分析上，占星師一定會先衡量行星力量好壞的狀態，用來說明問事者的能力好壞，或是事情的本質狀況如何；再來，才去判斷問事者能否順利得到想要的結果，這樣才是合情理的判斷順序。**

　　爲何這樣說呢？例如：詢問者非常想換工作，所以來詢問能否應徵得上新工作。此時，卜卦的結果或許是：這份工作是可以應徵上的，但新工作的代表行星的力量很差，表示這份工作其實是不理想的差事，就算應徵得上，當事人也是做了不適當的選擇。因此在判斷上，應該要先說明及衡量行星的力量，才能做出合理的判斷。

　　古典占星有一整套非常明確、細膩的判斷行星力量的方式，稱爲**必然尊貴（Essential Dignity）與偶然尊貴（Accidental Dignity）**的力量評估。這兩個名詞對讀者來說，可能相當陌生。簡單來說，**必然尊貴是以行星所在的星座度數位置去衡量力量；偶然尊貴主要是以行星所在的宮位位置去衡量力量**（除了宮位位置，還有其他更多的偶然尊貴的衡量方式）。但是，必然尊貴與偶然尊貴所闡述的方式，卻不盡相同。

　　我知道這些看起來生硬的名詞頗令人排拒，所以我先以簡單的例子來說明這些新名詞。例如：詢問者想詢問能否應徵得上教職的工作？如果當事人的代表主星是水星，落在處女座。由於處女座是水星所主管的星座，所以此時，水星得到必然尊貴很高的分數，表示他是個擅長做學

問的研究者。可是這個主星卻落在第十二宮，在偶然尊貴的衡量上，被嚴重扣分，表示他不擅於表現自己，或是他會自我設限、缺乏行動力，以致無法讓別人看到他所擁有的才能，因而失去表現的舞臺。

　　必然尊貴所討論的是行星的本質（Essential）能力，落在有力的必然尊貴位置上，就能適切地把行星的本質能力展現出來。例如：金星的本質是關於美麗、優雅、愛情，如果金星落在天秤座，天秤座是金星所主管的星座，因此是有力的必然尊貴位置，當事人就可以順暢地流露出金星的本質狀態，和諧迷人地表達愛意。例如：木星的本質是關於智慧、學問、道德，但木星卻落在處女座，是木星落陷的位置，在必然尊貴上被嚴重扣分，當事人反而會小題大作地批評他人、賣弄知識，以衝突不和諧的能量去表現木星的學問。

　　偶然尊貴所要討論的是，行星身處在何種狀態或場合去表現自己。這裡，我仍以宮位來舉例說明什麼是偶然尊貴。假設上述的金星與木星的徵象代表兩位追求者，木星在處女座的追求者落在第十宮，是最有力的偶然尊貴位置，這個追求者固然喜歡掉書袋賣弄學問，但卻是具有社會地位的名流仕紳；而金星在天秤座的追求者落在第六宮，是偶然尊貴被扣分的位置，顯示這個迷人優雅、風度翩翩的追求者，卻是每天工作十個小時以上的店員。兩者展現能力的舞臺，就從偶然尊貴看出其中的差異了。接下來，就來逐一介紹五種必然尊貴的狀態，以及三種不得必然尊貴反被扣分的狀態，此種狀況稱為**必然無力**（**Essential Debility**），並總列為第一〇一頁的列表。

必然尊貴

1.廟（Rulership）

　　自希臘時期所架構的占星學系統中，已經確認十二星座各自有一個主星來主管，星座與主管行星的關係為：以黃道北緯最高位置的兩個星座—巨蟹座與獅子座，由日夜間的發光體太陽與月亮來主管，依其陰陽性分別由太陽主管獅子座、月亮主管巨蟹座，再依照各行星與太陽之間的距離，由近至遠地排列出其他行星的位置：水星、金星、火星、木星、土星，這些行星依次主管獅子座與巨蟹座兩側由近至遠的星座。所以離太陽最近的水星，便主管獅子座與巨蟹座兩側的雙子座與處女座，金星主管金牛座與天秤座，以此類推如第九十八頁列表所示。

　　當行星落在自己所主管的星座上，我們稱此行星落在「廟」的位置，這種狀態得到了必然尊貴中的最高分數。例如：木星落在射手座、土星落在水瓶座等。行星落在「廟」的星座位置，就是行星本來的住所，表示行星在這裡具有主控主宰的能力。

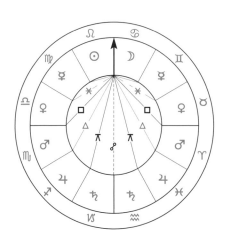

星座與古典主管行星之關係

星座	廟 (Ruler)	旺 (Exalt)	三分性 (Triplicity) 日	夜	界 (Term)					外觀 (Face)			陷 (Detri)	弱 (Fall)
♈	♂	☉ 19	☉	♃	♃ 6	♀ 14	☿ 21	♂ 26	♄ 30	♂ 10	☉ 20	♀ 30	♀	♄
♉	♀	☽ 3	♀	☽	♀ 8	☿ 15	♃ 22	♄ 26	♂ 30	☿ 10	☽ 20	♄ 30	♂	
♊	☿		♄	☿	☿ 7	♃ 14	♀ 21	♄ 25	♂ 30	♃ 10	♂ 20	☉ 30	♃	
♋	☽	♃ 15	♂	♂	♂ 6	♃ 13	☿ 20	♀ 27	♄ 30	♀ 10	☿ 20	☽ 30	♄	♂
♌	☉		☉	♃	♄ 6	☿ 13	♀ 19	♃ 25	♂ 30	♄ 10	♃ 20	♂ 30	♄	
♍	☿	☿ 15	♀	☽	☿ 7	♀ 13	♃ 18	♄ 24	♂ 30	☉ 10	♀ 20	☿ 30	♃	♀
♎	♀	♄ 21	♄	☿	♄ 6	♀ 11	♃ 19	☿ 24	♂ 30	☽ 10	♄ 20	♃ 30	♂	☉
♏	♂		♂	♂	♂ 6	♃ 14	♀ 21	☿ 27	♄ 30	♂ 10	☉ 20	♀ 30	♀	☽
♐	♃		☉	♃	♃ 8	♀ 14	☿ 19	♄ 25	♂ 30	☿ 10	☽ 20	♄ 30	☿	
♑	♄	♂ 28	♀	☽	♀ 6	☿ 12	♃ 19	♂ 25	♄ 30	♃ 10	♂ 20	☉ 30	☽	♃
♒	♄		♄	☿	♄ 6	☿ 12	♀ 20	♃ 25	♂ 30	♀ 10	☿ 20	☽ 30	☉	
♓	♃	♀ 27	♂	♂	♀ 8	♃ 14	☿ 20	♂ 26	♄ 30	♄ 10	♃ 20	♂ 20	☿	☿

註釋：
表格中的三分性內容係參照威廉・里利的著作，表格中的界（Terms）為埃及界（Chaldean Terms）

必然尊貴與必然無力

　　這就像是我們在自己開設的商店裡，因為自己就是老闆，可以決定每樣商品銷售價格、陳列擺設、營業時間、店員的制服等。我可以在此自由地行使自己的意志，故行星在此處具有最大的主導權，也是最能夠發揮原本行星良好特質的地方，因而得到最高的分數。

　　當吉星落在廟的位置，例如金星落在天秤座，吉星原本幸運的能力能發揮到最大，是最能顯現吉相的吉星狀態（當然，若加以考慮偶然尊貴的狀態，可能會有不同狀況的判斷）。相反地，若凶星落在廟的位置，則會減低凶星的凶性，反而能發揮凶星的正面意義。例如：火星落在牡羊座，會讓火星的競爭力發揮至最強的狀態，火星原本危險傷人的凶性也會減低。

2.旺（Exaltation）

　　當行星落在自己的旺宮星座上，會得到必然尊貴中的次高分數。例如：太陽落在牡羊座、月亮落在金牛座等。然而，每個星座位置都會有廟宮主星，但並非每個星座都會有旺宮行星，像雙子座、獅子座、天蠍座、射手座就沒有旺宮行星（古代定義水星落在處女座，同時得到廟與旺宮的力量，現代定義為：水星落在處女座為廟宮、在水瓶座為旺宮）。行星落在「旺」的星座位置，如同行星在此處具有尊貴的地位，凡事已經為其準備妥當。但行星在此處並無管理的能力，所以比入廟的分數稍微低一些。

　　行星入旺的狀況可以比喻成商店的大老闆，在這裡消費時，一進

門就被帶領至固定常坐的位置。店員都明白大老闆喜愛的消費方式，立刻奉上習慣點用的餐飲，並且拿出最新一季的商品到大老闆面前展示。即使受到如此的尊榮款待，大老闆不是實際管理者，不會去決定產品的價格、營業的時間等事項。因此行星位在此處，也能發揮行星的良好特質，但是缺乏管理主事權，甚至有點虛張聲勢的味道，實際的狀況並沒有表面上看起來那麼風光，所以得到次高的分數。

在必然尊貴的表格中（參見第一○一頁），旺宮位置的行星下方還可以看到一個數字，這個數字是指旺宮中的力量最突顯的度數，稱為**旺宮度數**。行星落在這個度數，可以說是地位最高者。此處須注意，因為古代計數係以：第幾個數字表示，與現代從零開始計數的方式有差異，所以行星所在的旺宮度數，跟現在的概念有所出入。例如：月亮的旺宮度數在金牛座三度，其實指的是二度○分至二度五十九分的位置，其餘數字均以此類推。

跟入廟的狀態相似，當吉星落在旺的位置，例如木星落在巨蟹座，吉星原本幸運的能力非常能發揮，就可以顯現甚佳的吉相狀態。相反地，若凶星落在旺的位置，就會減低凶星的凶性，反能發揮凶星的正面意義。例如土星落在天秤座，就會強化土星務實盡責的能力，土星原本冷酷無情的凶性也會減低。

3.三分性（Triplicity）

三分性主星的分類，是由於古典占星定義每種相同元素的星座，

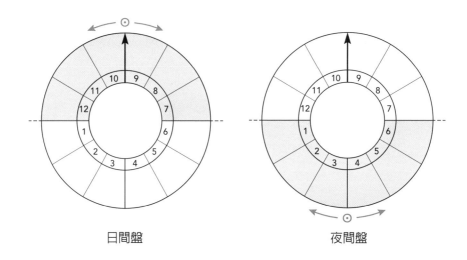

日間盤   夜間盤

分別有白天與夜間的主星在主管，所以要判斷三分性主星，必須先知道
這張星盤是屬於日間盤還是夜間盤。日夜間的判斷方式很簡單，只要太
陽落在星盤的第一宮至第六宮，就是屬於夜間盤，太陽落在第七宮至第
十二宮，就是屬於日間盤。然後依照行星與星座的配對，再去確認行星
是否得到三分性的力量。

　　例如：要在卜卦盤中衡量水星是否具備三分性的力量，如果卜問
當時水星落在天秤座，且太陽落在第五宮。首先確認，這是一張夜間盤
（因為太陽落在第一至六宮之間）。再依照以下表格查出天秤座的夜間
三分性主星剛好是水星，此時，水星就得到三分性的必然尊貴力量。

　　**行星在三分性的位置表示幸運、舒適的狀態，會發生好事的原因，
並非是自身展現優秀的能力，只是巧合而已。是因為一切巧合的狀況導**

元素	星座	日間盤	夜間盤
火象	♈、♌、♐	☉	♃
土象	♉、♍、♑	♀	☽
風象	♊、♎、♒	♄	☿
水象	♋、♏、♓	♂	♂

符號說明：
♈ 牡羊座；♉ 金牛座；♊ 雙子座；♋ 巨蟹座；♌ 獅子座；♍ 處女座；♎ 天秤座；♏ 天蠍座；♐ 射手座；
♑ 摩羯座；♒ 水瓶座；♓ 雙魚座；☉ 太陽；☽ 月亮；☿ 水星；♀ 金星；♂ 火星；♃ 木星；♄ 土星

三分性主星與星座之關係

致好的結果，所以雖然得到必然尊貴的好力量，但分數比廟旺來得少。以前述的例子來說，三分性主星就像是這家店的常客，因為這家店的營業時間剛好符合夜貓族常客的需求，商店也剛好開在住家附近，而銷售的食物又合這個常客的口味，所以此處是讓他感到舒適的好地方。他可以在此自行決定要消費哪些餐點，坐在哪個最舒服的位置，但是他並沒有受到最尊榮的服務，所以尊貴的分數並不高。

4.界（Terms）

　　界的位置是將每個星座分成五個不等分的區間，分別以水星、金星、火星、木星、土星來主管每個區間，稱為界主星。界的字面意涵就是指邊界、領域的意思。**當界主星落在界的位置，只是代表容易有這個界主星的傾向，或容易參與此事項。**就像上班族得到了工作機會，未能就代表能獲得財富、幸運等好的結果，所以獲得必然尊貴的力量低。

　　以前例來說，行星落在自己所主管的界位置上，就如同是那家商店的店員，具有勤於服務的特質，因而得到適合自我屬性的工作，但並不代表自己在工作上的表現是優秀的，是具有天分的，或是因此得到肯定、拔擢、擁有高薪收入；自己在這個位置仍要辛勤地努力工作，但至少比沒工作好，還有小小的主導權，可以決定要先做哪項服務，所以必然尊貴的分數是低的。另外，**卜卦時也會用上升位置的界主星來判斷詢問者的特徵**。例如詢問者起問的卜卦盤，上升度數落在獅子座十度，查閱必然尊貴的表格（參見一○一頁），這個星座度數的界是由金星所主管，所以詢問者具有金星的迷人、有禮和諧的氣質。

5.外觀（Face）

　　外觀的位置是將每個星座均分成三個十度的區間。火星主管牡羊座的第一個區間，太陽主管第二個區間，金星主管第三個區間。水星主管金牛座第一個區間，月亮主管第二個區間，土星主管第三個區間。木星主管雙子座第一個區間，接下來又重新輪到火星主管第二個區間，以此類推下去。上述的主管位置稱為**外觀主星**。**當行星落在外觀位置上時，其實是處於需要警惕擔憂的狀況，只是表面上遮掩問題，不敢對外表現害怕的樣子，所以必然尊貴的分數非常低。**

　　以前例來說，行星落在自己所主管的外觀位置上，就如同被這家商店收容，在車庫打地鋪的外地人，在此處沒有任何的權利，而且內心會擔憂隨時可能被店家趕走。只是表面上沒顯露出這種憂慮，因為至少有個避風遮雨的落腳處，所以還有必然尊貴，但是其實力量很低。

必然無力

　　以下幾種狀態，都是在必然尊貴的力量評估上被扣分，又稱爲必然無力（Essential Debility），請參見必然尊貴與必然無力的表格（參見第一〇一頁）。

1.陷（Detriment）

　　當行星所在的星座位置，剛好是在自己主管星座的正對面星座位置上時，我們稱此行星是落在「陷」的位置。這種狀態不僅沒有得到必然尊貴的分數，反而被扣分。例如：木星落在處女座，處女座剛好是木星所主管的雙魚座正對面星座，此時的木星爲落陷。當行星落在「陷」的星座位置，是行星原來主管星座的敵對位置，如同行星落在敵人手裡，不僅沒有主宰的能力，還受制於敵人，是行星表現最不一致的地方，所以是不好的狀況。

2.弱（Fall）

　　當行星所在的星座位置，剛好是在自己旺宮星座的正對面星座位置上時，我們稱此行星是落在「弱」的位置上。跟落陷相似，這種狀態不僅沒有得到必然尊貴的分數，反而被扣分。例如：太陽落在天秤座，天秤座剛好是太陽的旺宮—牡羊座的正對面星座，此時的太陽爲入弱。當

行星落在「弱」的星座位置時，是行星處於低下位置，不受重視，甚至被人瞧不起受辱的狀態。

行星入陷或入弱的位置，就好像商業間諜跑到敵手的單位。他感覺到這個位置所接收到的敵意，這家商店經營得越好，他就越不安，就越想搞破壞，因而有許多困擾、煩惱與挫折。當凶星落在陷與弱的位置時，例如火星落在巨蟹座，凶星原本的凶性就會增強，是最不佳的凶星狀態。相反地，若吉星落在陷與弱的位置，就會使得吉星減低正向的力量，甚至會產生吉星的負面作用。例如月亮落在天蠍座，即使月亮具有溫柔包容的母性，但也會產生過度敏感多疑、防衛心重等問題，因此降低月亮的正面特質。

3.外來的（Peregrine）

如果行星所落的位置，完全沒有具備前述所有的五種必然尊貴，那麼此時，我們會稱這個行星為外來的。行星落在這個星座位置，就如同在外地流浪、無家可歸的遊民，連一個容身之處都沒有。這個行星根本與這裡毫無關連，所以也是必然無力的一種。

結論

前面所列出的必然尊貴力量都是可以累計的，所以在某些位置，例如：夜間盤的木星在射手座五度，木星同時是射手座的主管行星（入廟），木星也是夜間盤射手座的三分性主星，也是射手五度的界主星。

此時，木星在此處得到的力量就相當高。

　　另外，**有種狀況是，有些行星同時得到某個必然尊貴的力量，卻又得到必然無力，此時，正、負面兩種力量是並存而不互相抵銷的。**例如：日間盤的金星落在處女座，此時金星是日間盤處女座的三分性主星，得到三分性的必然尊貴的分數，同時也在入弱的必然無力的位置。這一正一負的力量並不會抵銷，但會矛盾地同時存在，這是人世間常見的狀態。

　　如果金星代表的是感情狀態，那麼金星入弱即代表感情已淡；如果得到三分性力量，則可能代表這份感情仍可提供物質保障，當事人才會矛盾地猶豫這份感情的去留。

偶然尊貴與無力

　　威廉・里利（William Lilly, 1602-1681）在他的偉大著作—《基督徒占星學》（Christian Astrology）中，羅列各項必然與偶然尊貴的計分表，並給予各種偶然尊貴與偶然無力的力量計算，其中最重要的就是行星所在的宮位力量；其餘的偶然尊貴項目，總歸來說，包括討論行星的速度、與太陽的相對位置、與吉凶星的相位、會合明亮恆星、月亮的狀態等。本章先介紹幾項偶然尊貴：宮位位置、行星速度與運行方向、與太陽的相對位置，其餘的偶然尊貴內容會在其他章節詳細說明。

1.宮位的強弱

　　現代的占星學對於後天宮
位的說明，多是客觀地描述每個
宮位所代表的生活場景的意義，
如同本書第二章對於後天宮位的
說明。其實，古典占星的文獻更
著重於定義十二個宮位的力量好
壞，因此，並非所有宮位的力量
都是相等的，有些宮位非常具有
影響力，而有些宮位則無力。**行**

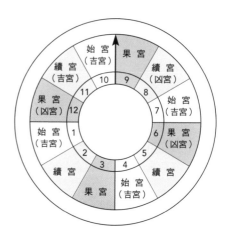

宮位位置與力量

星落在不同的宮位，會因爲宮位而影響行星自我表現的能力。

　　首先，**星盤中的ASC、MC、DSC、IC這四個尖軸所在的第一、
四、七、十宮位，稱爲「始宮」（Angular）**，是最強而有力的位置。
每個始宮後面接續的宮位，也就是第二、五、八、十一宮，**稱爲「續
宮」（Succedent），就是「接續」的意思**，能發揮的力量較爲一般。
在每個續宮之後的宮位，也就是第三、六、九、十二宮，**則稱爲「果
宮」（Cadent），與始宮距離最遠的地方就是果宮，是最難以發揮能力
的位置。**

　　始宮宮位代表的是我們最熟悉、最能控制的環境，所以當行星落在
始宮的時候，會有能力開創、展現自己，這個行星所代表的人或事物能
吸引很多的關注力。如果詢問者的代表主星是個有力量的行星，又落在

始宮，那麼代表他是有能力完成自我期望的人。但如果詢問的是不利的
事情，例如：當事人詢問疾病狀況時，若代表疾病的因子落在始宮，反
而表示這個疾病有能力傷害當事人。在此需提醒：若同一宮內有兩個以
上的行星，落在始宮的宮始點位置的行星，它的力量會更勝過在始宮內
的其他行星，這項判斷在其他宮位（續宮、果宮）也是如此。

　　當行星與始宮的距離越遠，行星就越不容易行使它的力量，所以落
在續宮的行星，就需要借助他人或環境的協助才能發揮力量。而果宮與
始宮的距離更遠，象徵行星從最有力的位置，落到一個最弱的位置，所
以果宮都代表身處異地或是格格不入的環境，難以施展力量。因此，行
星落在果宮位置就無法有所作為。相同地，如果詢問者希望能發揮好作
用的行星落在果宮，就較難發揮作為。如果詢問者的敵人落在果宮，那
麼就代表他比較沒能力傷害詢問者。

　　判斷宮位除了關心力量之外，也會判斷宮位的吉凶，第八宮因為
代表死亡，與第六宮代表疾病、第十二宮代表負面悲觀、恐懼，是不
利的三個宮位，皆會限制、傷害行星的表現，其中第十二宮是最不幸的
宮位。而第三、九宮雖為果宮，卻不像前述三個宮位（第六、八、十二
宮）具有負面的力量。

　　後天宮位的力量吉凶好壞，是偶然尊貴中重要的判斷。但我要說明
一下，在應用上有些容易混淆之處。如果詢問事項符合代表宮位，就不
會去判斷在此宮位的吉凶好壞。例如：詢問者問是否要購買賓士車，這
個卜卦星盤的ASC主星落在第三宮。此時，應解釋為詢問者關心的事項

是第三宮（交通工具）所主管的事項，並非代表詢問者沒有能力展現自己。但是，第三宮的主星就是代表這輛賓士車，如果它落在第十二宮，而第十二宮代表遺棄、封閉、犯罪等負面的力量，因此可以判斷這輛車可能不常被使用，閒置成無用的廢物，甚至被小偷覬覦偷竊。

還記得必然尊貴與偶然尊貴在判斷上的不同之處嗎？我們再來複習一下：必然尊貴是以行星所在的星座位置去評估力量，必然尊貴力量是一種能力的評估，但是，偶然尊貴會隨著問題的主軸，或是當事人積極程度與主觀價值去權衡輕重。以前例來說，如果代表車子的主星是金星，落在雙魚座，是金星入旺的位置，所以得到很好的必然尊貴分數，代表車子本身的外觀、性能很符合車子的名貴身價，必然尊貴等於車子被使用的頻率。然而，如果金星落在果宮，同時金星沒有其他傷害，那麼即表示這輛車雖然名貴，買來後卻會被閒置遺棄。此時，如果詢問者本人就是喜歡買名車，然後閒置在車庫中，那麼他仍可以憑自己的價值觀，選擇接受金星在果宮的狀況。

2.行星的速度與運行方向

◆ 速度

如果在詢問當時，行星的運行速度比平均運行速度較快的話，就比較有能力展現自己；運行速度較慢的話，表現上就會差一點。如果行星當時的運行速度與平均運行速度差異不大的話，這個因素的影響就不是很大。

行星的速度常用來判斷未來結果的
發生時間快慢。如果行星速度較快，就
代表未來會較快產生結果，反之亦然。
例如當事人詢問：是否有機會與心儀的
宅男或女神發展感情，如果卜卦盤的答
案是肯定有機會的，但是金星運行的速
度卻明顯比平常的速度緩慢，這時候產
生結果的時間就會比預期時間來得晚一
些。當然，如果所問的問題跟速度比較
有關的話，例如：詢問者問到這次游泳

行星	每日平均運行速度
☽	13°10′36″
☿	0°59′8″
♀	0°59′8″
☉	0°59′8″
♂	0°31′27″
♃	0° 4′59″
♄	0° 2′1″

比賽能否勝出？此時代表他的行星如果速度比競爭者快（相較平均運行
速度），就是需要特別留意的判斷徵象了。

◆ 逆行（Retrograde）

由於行星與地球在運行時的相對運動之關係，會見到行星有逆向運
行的時候，稱為「逆行」，星盤中會以「℞」標示出行星逆行的狀態。
除了太陽與月亮不會逆行，其他行星都會出現逆行的狀態，在卜卦上是
個相當重要的徵象。**逆行代表的意義很多，常見的形容詞是遲延、退
縮、反覆、返回等**，多是負面的意義，但有時候逆行實際的解釋要依據
所問的問題來決定。

逆行最常見的詮釋是：當代表所問事項的行星產生逆行，這件事
情可能會不進則退，與當事人期望的方向不同，是一個不利的狀態。例
如詢問感情時，見到代表對方的行星逆行，即表示她現在的態度正在退

縮猶豫、改變心意（例如回頭找前男友）。逆行有時也表示過去已發生
的事項再度返回，例如：詢問要不要接受新工作的邀約，而見到這份工
作的代表行星為逆行時，可能代表當事人的舊識，現在這份工作再度返
回來找當事人。還有一個最常使用的徵象，若詢問失物或走失者能否找
回，當代表主星是逆行的時候，就代表失物可能會返回。

　　判斷逆行時，還要看自己與對方的代表主星之間的相位關係。如果
對方逆行後逐漸遠離自己，而自己的速度又追不上對方，那麼就表示對
方的退縮拉大了雙方的距離，逆行使得當事人無法如願以償。相反地，
如果對方逆行後反而拉近了雙方的關係，那麼此時應該解釋為：對方可
能會回頭，以詢問感情為例，可能是反覆猶豫的前女友回頭找當事人復
合。

　　另外，還要觀察行星持續逆行時，是否會離開目前所坐落的星座。
如果逆行後會進入必然無力的星座位置，就像一個人退縮到死胡同，會
更加困難。如果行星目前的星座位置，是行星得到必然尊貴的位置，原
本行星即將要離開這個星座，卻在離開前逆行，反而持續停留在它有力
量的位置。**最後，有時當下見到行星是在順行狀態，未來卻可能逆行，
此需仔細檢查各行星未來持續運行方向，以免誤下判斷。**

◆ 停滯（Station）
　　行星從順行轉為逆行，或是從逆行轉為順行時，都會有一段停滯的
狀況，此時星盤會以「S」標示出行星停滯的狀態。行星由順行轉逆行
的停滯期，稱為第一次停滯期，較為不佳，但是比逆行的狀態好一些。

行星由逆行轉順行的停滯期，稱為第二次停滯期，雖較佳，但是仍比順行稍差。

　　由於卜卦盤是在行星的連續運動下，所捕捉到的某張時刻盤，所以隨時都要檢查星曆表，去看看行星在此時刻前後的運行狀況，才能檢查行星所在的停滯期是屬於第一次或第二次停滯期。若是前者，可能代表原本向前進行的狀態正要開始轉壞，例如：一個健康的人正逐漸變虛弱。若是後者，則代表某件事已處在不利的狀態甚久，即將要順利往前行，例如：生病很久的人將會逐漸康復。前面的說明是一般的狀況，實際應用時，判斷停滯期的好壞，需要依據整體狀況來看，才可以判斷。

3.行星與太陽的相對位置

◆ 焦傷（Combust）

　　當行星與太陽距離在十七分至八度三十分的距離範圍內時，我們就稱此行星受到太陽的焦傷。行星受到焦傷時，就好像太過於靠近太陽這個君王，伴君如伴虎，稍有不慎就會惹來殺身之禍。所以行星所代表的事項，就會有來自權勢者、父親、老闆、丈夫、政府公權力等的壓力。

　　行星焦傷也如同太陽的耀眼光芒遮蔽了它，使它難以被看見，所以行星所代表的事項就會被藏在暗中，無法見光。例如詢問尋找失物，代表失物的行星受到太陽焦傷時，即代表失物躲在視線的盲點處，所以會找不到。我們會特別留意月亮是否被焦傷，因為不管在什麼樣的情況下，月亮都代表詢問者，所以如果月亮受到焦傷，代表因為擔心害怕前

述的壓力，以致無法展現能力，甚至造成災難、疾病等徵象。所以，焦傷的狀況會嚴重地傷害行星的力量。

　　當然，行星與太陽度數越靠近，受焦傷的程度就越嚴重，但是，還是要依據行星未來持續的運行方向，再加以分析焦傷的輕重。如果之後行星與太陽的距離越來越遠，承受的壓力當然就越來越小，反之，壓力就會越來越大。另外，如果是詢問失物，當行星逐漸離開焦傷範圍後，就可能會看見它了。

◆ 太陽光束下（Under the Sunbeams）

　　這是指行星與太陽距離在八度三十分至十七度之間。行星因為太陽的光芒而掩蓋了部分力量，不至於全然不見光，稍微可以被看見，所以看起來是曖昧不明的徵象。這種情況就不像焦傷那麼嚴重，而且與太陽之間的距離度數越遠，就越不嚴重。

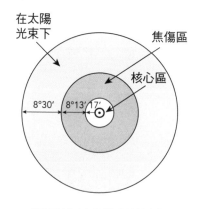

行星接近太陽位置的狀態

◆ 核心內（Cazimi）

　　當行星與太陽位在同一個星座，同時與太陽的距離在十七分之內，行星反而因為緊密與太陽會合，如同進入太陽的宮殿領域中，成為太陽寵愛的臣子受到保護。而且把它提升至太陽旁邊的崇高位置，就好像當事人已經跟權威者成為密友，不僅不會受到壓力，反而會因為權威者的身分而提升當事人的地位。

◆ 東出（Oriental）與西入（Occidental）

　　行星的東出與西入，是與太陽東升或西沉做比較。當行星在太陽之前東升，即表示在黎明前，在東邊的天空已經可以看見這個行星，此行星就是東出。當行星在太陽之後下降，所以在太陽西沉時，還是會在西邊的天空看見這個行星，此行星就是西入。

　　要如何判斷東出和西入呢？我們可以計算行星與太陽之間的距離，

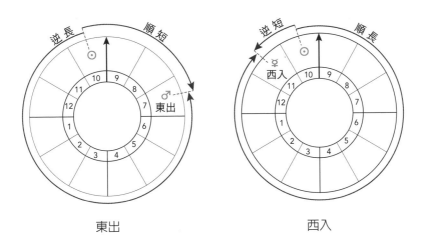

東出　　　　　　　　　　　西入

分別以順時針與逆時針方向去比較此行星與太陽間的距離長短。如果順時針方向的距離較短，這個行星就是東出；如果逆時針方向的距離較短，那個這個行星就是西入，這樣是不是很簡單呢？

　　一般來說，**陽性行星喜歡東出，所以火星、木星、土星東出時力量較好，西入比較不好。陰性行星喜歡西入，所以月亮、金星、水星西入時的力量較東出為佳**。但用在卜卦的徵象意義，東出代表快、新、年輕、表現明顯，西入代表慢、舊、老、表現不明顯。這些代表意義仍要跟主要的徵象合併考慮，才可以判斷。

第 7 章

卜卦占星的相位

相位是行星跟行星之間狀態的關連性。
在卜卦占星當中，沒有相位即沒有行為，
所以呢，相位可是一開始判斷事件成立與否，
以及推演未來發展走向的關鍵所在唷！

　　卜卦占星有些觀念不同於本命占星。其中很重要的一項觀念就是：本命占星是靜態的，而卜卦占星是動態的。何謂靜態與動態的差別呢？由出生的時刻當下所產生的本命盤，即決定了當事人的命運結構。雖然我們會繼續考慮行星往前移動的狀態，以此預測當事人的未來，但是本命的判讀還是以行星當下的位置為主。**當卜問的時刻決定了卜卦盤，行星當下的位置便代表現況，而問題的產生來自過去的原因，問題的結果則來自未來的發展。所以，行星過去的運行軌跡與未來的運行軌跡，都需要判讀。尤其重要的是，透過代表因子彼此間未來運行狀況所產生的相位關係，才能判斷未來會產生的結果。**

　　此外，卜卦盤的相位觀念與本命盤有著相當大的不同。已經具有相位概念的讀者，在此要仔細分辨兩者間的不同。

相位的意涵

1.相位就是行動

　　卜卦占星有句重要的話：**「沒有相位即沒有行為」**（**No Aspect, No Action**）。因為卜卦預測在於判斷結果的產生，或是回答「是與否」、「要或不要進行」等問題，所以相關代表因子能否形成相位關係，就變得非常重要。

　　卜卦盤的主要判斷是以詢問者的代表因子與事件的代表因子，兩者目前是否已在形成相位的範圍中，以此來決定這兩個因子彼此間是否有所關連；未來兩者的運行軌跡是趨近還是遠離，以此來回答事件是未來進行式還是過去式；是和諧的相位關係還是不和諧的相位關係？兩者間是否有其他行星的相位干擾？或是有其他行星的相位幫助？以此來描繪事情的發展過程。

　　所以，如果當下兩個因子的彼此狀態就沒有相位關連，也沒有其他的幫助，那麼就可以判斷這個事件不會發生。

2.托勒密主相位

　　古典占星所使用的相位，主要都是以托勒密所定義「行星在星座間的關係」，作爲後代占星學上的「相位」定義。所以，以下這些相位就稱爲「托勒密相位」：合相（○度）、六分相（六十度）、四分相（九十度）、三分相（一百二十度）、對分相（一百八十度）。

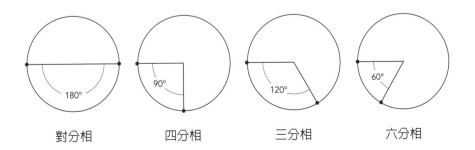

| 對分相 | 四分相 | 三分相 | 六分相 |

◆ **兩因子間的關係為六分相與三分相**

　　代表兩者的互動關係是和諧。如果是入相位的狀態，過程中會有好的機緣能實現所詢問的事情。

◆ **兩因子間的關係為合相**

　　代表兩個因子是很緊密地在一起。但是否和諧或帶來好壞結果，則要看行星的力量或狀態好壞來決定，以及兩者間的關係是入相位還是離相位（入相位與離相位的定義參見第一二一至一二二頁）。

◆ **兩因子間的關係為四分相或對分相**

　　這種相位代表兩個因子的關係是不和諧、不穩定的，或是衝突、有困難在前、需要努力克服的。如果當事人處在這個相位之下，仍非要完成不可，即使產生結果，但最後可能會後悔。這個相位如果是入相位的關係，即表示衝突會越來越嚴重，最好要有其他的行星來幫忙化解，或是彼此間有容納的關係，才能產生好的結果。

3.相位的容許度

　　卜卦占星使用的是古典的相位容許度觀念，以此觀察兩個代表因子是否在相位的範圍內，代表兩者間已存在關連性。**不同於現代的相位容許度是以相位本身來做決定的；古典的相位容許度，卻是以形成相位兩端的行星來決定容許度的範圍。**

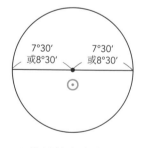

⊙ 的相位容許度半徑

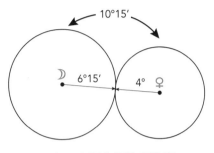

☽與♀之間的相位容許度

行星	容許度半徑 （Moiety）
☉	7°30′或8°30′
☽	6°或6°15′
☿	3°30′
♀	3°30′或4°
♂	3°30′或3°45′
♃	4°30′或6°
♄	4°30′或5°

符號説明：「°」表示度；「′」表示分

行星的相位容許度半徑

　　古典時期的相位容許度是以行星為中心，對外發射它的影響力，類似地震的震央向外擴散它的影響範圍，形成以行星為中心的射線圓圈。而且，每個行星的影響範圍大小不一，當行星在彼此的射線範圍交疊時，就能形成彼此交互感應的相位。

　　威廉‧里利定義前述圓形射線範圍為容許度的球體（Orb），容許度的球體半徑稱為容許度半徑（Moiety）。里利提供每個行星（水星除外）兩個容許度半徑的數字，這是他留給後生晚輩的重要經驗值。

　　再來，要知道兩個行星是否已經落在交感的範圍內，必須將兩個行星各自的容許度半徑，去跟另一行星的容許度半徑配對組合，加總成為兩個特定行星之間的容許度範圍。

行星	☉	☽	☿	♀	♂	♄
☽	13°30′ 或14°45′					
☿	11° 或12°	9°30′或 9°45′				
♀	11°或 12°30′	9°30′或 10°15′	7°或 7°30′			
♂	11°或 12°15′	9°30′或 10°	7°或 7°15′	7°或 7°45′		
♃	12°或 14°30′	10°30′或 12°15′	8°或 9°30′	8° 或10°	8°或 9°45′	
♄	12°或 13°30′	10°30′或 11°45′	8°或 8°30′	8° 或9°	8°或 8°45′	9° 或11°

符號說明：「°」表示度；「′」表示分

兩個行星間的相位容許度範圍

4.寬廣相位（Platic Aspect）

　　當兩個行星在前述的容許度半徑的接觸範圍內形成相位，我們可以說這兩個行星形成「寬廣相位」，表示兩個行星已經在相位的交感範圍之中了。

　　當我們確認兩個行星形成寬廣相位，並不代表兩者必定會產生結果，僅僅代表目前這兩個代表因子是有關連性的。此時，必須繼續演繹兩個行星未來的運行狀況，才能判斷後續的發展。

5.入相位（Applying Aspect）

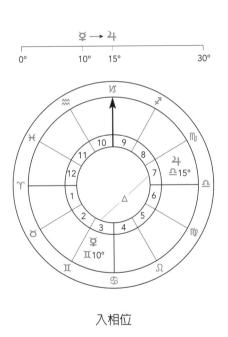

入相位

　　如果兩個代表因子已形成寬廣相位，此時，要留意哪個行星運行的速度較快？哪個行星較慢？如果**快速行星的度數在慢速行星的度數的前面，即表示快速行星會越來越接近慢速行星，這種情況稱為入相位關係。**例如：水星落在雙子座十度，木星落在天秤座十五度，兩個行星是呈三分相位（一百二十度）的關係，並且在容許度的範圍內。因為水星的運行速度比木星快，水星的度數又在木星之前，所以水星會越來越接近木星，此時兩者之間即為入相位的關係。

　　由於卜卦盤必須透過未來潛在相位的完成，才能判斷這個事件的結果，所以，入相位就是未來潛在產生的變化狀態。

6.離相位（Separating Aspect）

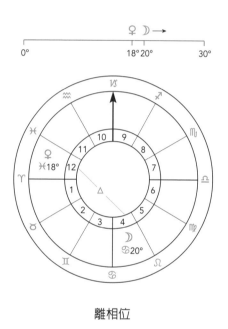

離相位

如果兩個代表因子形成寬廣相位，此時，快速行星的度數落在慢速行星的度數的後面，即表示快速行星已越來越遠離慢速行星，這種情況稱爲離相位關係。例如：月亮落在巨蟹座二十度，金星落在雙魚座十八度，這兩個行星之間是三分相位（一百二十度）的關係。但由於月亮的運行速度比金星快，而月亮的度數又落在金星之後，所以月亮會越來越遠離金星，故稱兩者之間爲離相位的關係。

離相位表示事情已經是過去式。例如詢問感情是否有結果，兩個代表行星呈現離相位的狀態，即表示兩人的關係已經逐漸遠離，除非其中一個行星剛好會逆行回來，否則將會漸行漸遠。

我們尤其著重主要代表因子或月亮最近離相位的行星，這個行星即代表在詢問前剛發生的事件，才導致當事人想要前來詢問。

7.正相位（Exact Aspect）

當兩個行星以寬廣的入相位關係逐漸趨近時，最後落在同一個度數與分數上面，兩者即形成正相位。例如：火星落在射手座八度五十分四十七秒，木星落在獅子座九度二十分十一秒，火星以三合（一百二十度）的入相位趨近木星，最後在火星運行至射手座九度三十三分五十秒時，木星也運行至獅子座九度三十三分五十秒，兩者的度數、分與秒都相同，此時，就稱火星與木星形成三合的正相位關係。

正相位在卜卦時非常重要，當兩個行星在未來的運行軌跡上可以形成正相位關係，此時，就可以確認事件有機會產生結果。

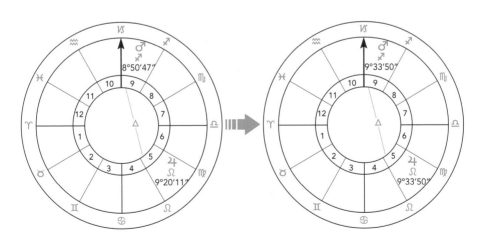

正相位

8.完美相位（Perfect Aspect）

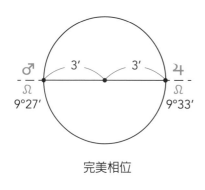

完美相位

當然，前面的正相位非常嚴謹，古典時期的占星師未必能計算至如此精準的狀況，所以在這個嚴格的定義上，還是會有彈性的容許範圍。因此**當兩個行星在趨近，已經到達相同度數時，不必連同分與秒都相同，可以允許行星有三分的彈性容許度。若是太陽與月亮，更可以有十七分的容許度。**類似前述的容許度半徑的概念，任何兩個行星的容許範圍都需要加總，當兩個行星的差異距離已落在此容許範圍內，就稱為完美相位。

以前例來說：火星以三合的入相位**趨**近木星，當火星運行至射手座九度二十七分、木星運行至獅子座九度三十三分時，因為火星與木星各自有三分的容許範圍，兩者加總的容許範圍為六分。此時，當兩個行星的距離差異只剩六分時，就已經達到完美相位。

9.等分相位（Partile Aspect）

等分相位的容許度範圍比完美相位更寬，兩個行星無須落在相同的分與秒，只要度數一致即可。

等分的意思是：一個星座均分為三十度，每個等分度數都是一個特

定的位置，所以當兩個形成相位的行星正好落在星座上相同數字的度數時，即代表它們透過相位的關係形成緊密連結。

　　上述正相位、完美相位、等分相位都是非常緊密的相位型態。在偶然尊貴的評量項目中，**只要行星與吉星（金星、木星與北交點）形成等分合相（或正相位及完美相位），即獲得偶然尊貴的加分，等分三合相位得分其次，等分六合相位更次之；反過來說，若行星與凶星（火星、土星與南交點）形成等分合相（或正相位及完美相位），就會在偶然尊貴上嚴重扣分，等分對沖相位其次，等分四分相更次之。**可見得這幾種狀況的重要性。在介紹完相位後，以下我特別把月亮的狀態，包含了月亮的相位變化，做一併說明。

月亮的徵象

　　在第四章，我曾提及月亮是詢問者的「共同代表主星」（cosignificator）。所以，**卜卦占星會以月亮的吉凶好壞，作為判斷詢問事件發展歷程好壞的重要因子，各種判斷月亮的法則也就相形重要。**

1.共同代表因子

　　通常說來，**詢問者會以第一宮的宮主星與宮內星作為「主要代表因子」，而月亮則是詢問者的「共同代表因子」。**也就是說，前述的所有

行星都代表詢問者，但是月亮的代表性還是略低於主要代表因子。

　　如果僅有月亮與詢問事項形成正向的關連，代表詢問者內心很期望這個事件的發展，但其他的主要代表因子卻都是負面的徵象，這麼一來，事情可能還是不容易有結果。但是，若詢問者的第一宮就剛好落在巨蟹座，那麼月亮就是第一宮的宮主星（希望讀者還記得月亮主管巨蟹座），或是月亮就落在第一宮內，此時，月亮就成為主要代表因子，占星師就可直接以月亮作為主要的判斷依據了。

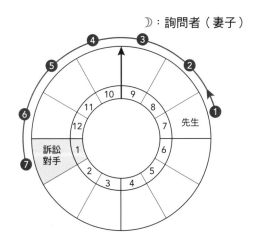

☽為詢問者的共同代表因子

　　有時候，詢問者並非就是問題的當事人。例如：妻子替先生詢問訴訟能否勝訴。此時，當事人是先生，以第七宮來代表。先生的訴訟對手是第七之七宮（(7-1)+7-12=1），也就是第一宮變成了訴訟對手。因為

在這個問題裡，妻子不是關鍵的當事人，所以就不會再以第一宮代表詢
問者（妻子）。如果在這個卜卦盤中，還是要找到一個行星去代表妻子
的角色，那就是月亮—詢問者的共同代表因子，月亮也同時是女性、妻
子的自然徵象行星。

2.月亮的相位歷程

　　**身為卜卦盤中運行最快速的行星，月亮代表詢問卜卦問題的當下環
境與背景。**如果要推演出當事人提問的原因，可以去觀察提問時刻前，
月亮在星盤的同一星座位置之前所產生的所有相位，就能推演出當事人
之前可能有哪些歷程，才會想來卜卦詢問。其中，特別是月亮最近剛離
相位的行星，就是讓當事人想提問的關鍵因素。

》的相位歷程

　　例如：當事人詢問感情問題，在卜卦盤中，看見月亮落在雙子座八
度，火星落在雙魚座七度，即表示月亮在詢問時刻前才剛離開火星的正
相位，這代表當事人才剛經歷感情上混亂失序的衝突和不愉快。

　　**若要知道未來的發展，就要看在提問之後，月亮還會繼續產生的
相位（月亮須在原本星座之中）；特別是提問的當下，月亮即將入相位**

的行星，以及月亮離開星座前的最後一個入相位的行星。當月亮離開原本星座時，就已經超過這個問題的範圍，事情會進入新的一章了。以前面感情的詢問為例，如果金星落在天秤座九度，月亮將從雙子座八度往前移動至九度，此時會與金星形成三合的正相位，表示當事人的感情可能很快地又歸於和諧；而木星落在水瓶座二十八度，是月亮離開雙子座之前最後一個入相位的行星，月亮最後會與吉祥的木星形成三合的正相位，即代表當事人的感情的最後結果是順利幸運的。

3.月亮是否為空虛（Void of Course Moon）

這裡要先介紹一個新名詞：「月亮空虛」（另譯為「月亮空相」）。**月亮空虛的定義是：在月亮離開目前的星座之前，它將無法以入相位的方式，與其他的任何行星完成正相位的關係。**最簡單的月亮空虛狀況就是：若星盤中月亮所在的度數位置，落在所有行星之後，因為月亮的速度比其他的行星都快，故月亮在離開目前的星座之前，就無法以入相位的方式跟其他的行星形成相位，此時月亮就空虛了。

☽空虛

前面已經說過，月亮在星盤的同一星座位置所產生的所有相位，可以推演出事情的發展歷程。所以當月亮形成空虛時，即代表月亮在未來

持續的運行過程中，無法跟其他的行星形成正相位；**意指這件事情在未來的發展過程中，無法與其他的事項形成關連，所以事情不會有新的狀況產生，或是詢問者幾乎難以改變現況。**

　　月亮空虛除了代表事情難以有好結果外，也顯示當事人可能早已經知道事情會如何發展，但自己卻難以接受事情的結果。另外，如果所問的問題是屬於假設性的狀況，此時得到月亮空虛的卦象，反而代表當事人所擔憂的事情不會發生，所以當事人不用太過擔心。

　　有些例外的狀況可修飾減輕月亮空虛的負面徵象。第一種情況是：如果整張星盤都已明確呈現會產生正向結果的徵象，卻看見月亮空虛，那僅代表所問的狀況會延遲達成結果的時間，或是當事人心中對這件事比較沒有信心；如果是問遺失的物品或走失的人，月亮空虛可能代表他們返回的時間會比預估時間來得晚而已。第二種情況是：當空虛的月亮卻有很好的力量時，意指當月亮落在金牛座、巨蟹座、射手座與雙魚座上，即使月亮空虛仍有機會得到好的結果。

　　第三種的情況是：月亮雖然位於星座的末度數，但已經與其他行星形成相位，只是月亮必須要改變至新的星座位置，才能完成正相位，此時月亮即使空虛，仍然可能有結果，例如：月亮落在獅子座二十九度，金星落在金牛座二度，月亮必須改變星座至處女座後，才能與金星形成正相位。我們可以把每個星座當作是一個不同的領域，當行星進入一個新的星座時，就代表已經進入新的狀況，不同於詢問當下的時空環境。所以，當月亮必須離開原本的星座才能完成正相位，即代表事情會進入

新的一章，故當事人必須**轉變**原有的想法，或是改變現況環境，事情才
會有結果。

4.月亮位於燃燒途徑（Via Combusta）

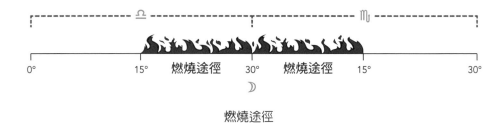

燃燒途徑

　　巴比倫與埃及時期對於**燃燒途徑的定義，是指天球赤道的中間區
域，也就是從天秤座的中間至天蠍座的中間位置，更清楚的定義是在
天秤座十五度至天蠍座十五度。燃燒路徑被認為是邪惡的，類似具有火
星、土星和天王星的特性。**當月亮通過這裡時，表示可能會有不可預期
的突發狀況，會產生疾病、損害危險、發燒或火災等，特別是問事人當
時的心境存有害怕與恐懼。

5.月相的狀態（Lunar Phase）

　　在偶然尊貴中，有一個針對月亮的評分項目，是以月相的狀態來評
量月亮的力量。判斷月相可以中國人常用的陰曆來分析。

　　月亮增光（Waxing）：從新月至滿月（約爲初一至初十五）月亮是逐漸增光的，比較活潑與熱，月亮較有能力可以作用；另有較爲客觀的定義是，代表較爲年輕，從初次事項開始增加經驗。

　　月亮減光（Waning）：從滿月至新月（約爲初十五至月底）月亮是逐漸減光的，比較消極與冷，月亮的作用力就較弱；另有較爲客觀的定義是，代表有智慧，已累積較多經驗。。

第 8 章

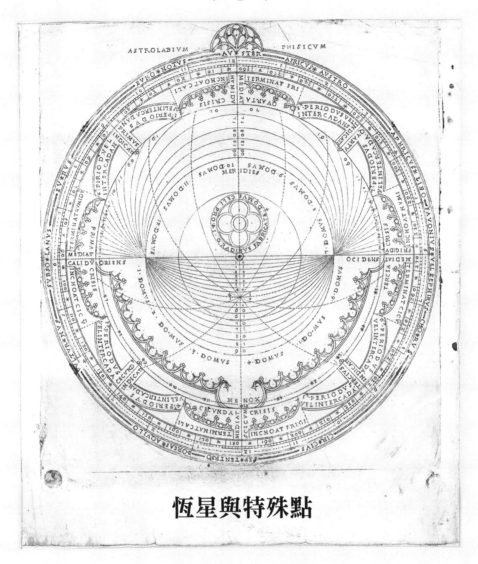

恆星與特殊點

恆星與特殊點是古典占星重要的一環，

然而，占星學發展到現代，

恆星與特殊點的重要性卻越來越式微。

但其實很多時候，透過恆星與特殊點的判斷，

才能明確地呈顯出重大事件背後的重大影響！

恆星（Fixed Star）

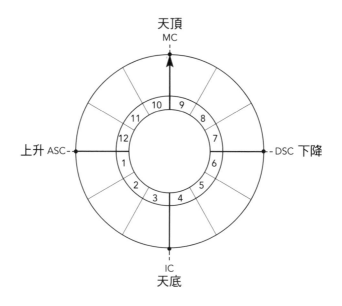

四個敏感點

　　前面討論偶然尊貴的章節中，還有一個項目放到此處才說明，那就是行星會合明亮恆星的影響力。雖然在占星學的主要資料中，大多數是在討論行星，但是，自古以來恆星的影響力卻一直很重要，恆星在占星學的應用上是不可少的。不過，天空中的恆星難以計數，相較於行星，恆星的數量實在很龐大。好在，僅有少數光亮的恆星會被占星學使用。

　　先聊聊恆星的所在位置。恆星，顧名思義就是指在天空中恆久不動的星辰，占星學所採用的恆星，是落在黃道帶（Zodiac）附近的最明亮的恆星。但因為恆星的所在位置也是以「回歸黃道」作為座標依據，所以恆星的位置仍會隨著回歸黃道的起點─春分點的移行，每年移動約五十秒，每十年會移動八分，亦即每七十二年會移動約一度。

　　大多數的占星師都是以星盤中的行星，還有ASC、MC等敏感點，在一度內會合重要恆星，來作為恆星的影響力之判斷。但也有占星師是以上述行星與敏感點（ASC、MC等）對沖（一百八十度）等狀況，一併討論恆星的影響力。不過在多數的經驗上，還是以會合恆星為主要的判斷。

　　恆星的判斷方式，就是當行星（或敏感點）的位置恰好與特定恆星的位置在一度內會合，此時判斷此行星的狀態，就會考慮此恆星的特質，作為行星背後隱藏的另一層影響。恆星有吉祥與凶惡之別，當行星跟恆星會合，本身的好壞徵象就會被恆星調整修飾過。如果行星本身的好徵象居多，又剛好會合吉祥的恆星，那麼就會把恆星的能力增添在此行星上；相反地，若是行星的壞徵象居多，又剛好會合凶恆星，此行星就會加倍具有壞的徵象。若是具有吉相的行星會合凶恆星，躲藏於背後的凶恆星就會使行星並存著好與壞的徵象，反之亦然。

　　在出生盤或是重大事件的星盤（Event Chart）中，經常見到恆星強大的影響力。例如：二○一一年的日本大海嘯的事件盤，就看到代表星盤的共同代表主星─月亮，落在雙子座○度七分，以僅有一分的緊

密度會合了昂宿六（Alcyone）這個凶惡的恆星，代表著不幸受難而悲傷哭泣。而這張星盤的死亡點（為特殊點，本章後續有進一步說明）落在金牛座二十六度八分，也就是緊密會合了威廉・里利所列示的最凶惡恆星－大陵五（Algol），這個恆星代表著斬首、謀殺等恐怖不幸的徵象。

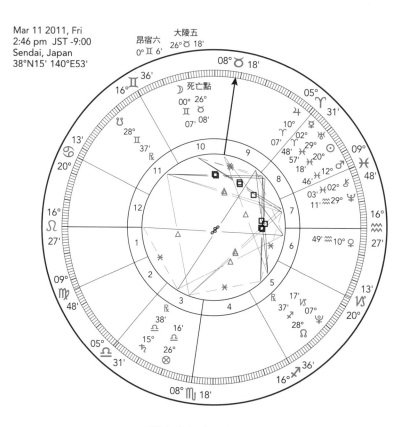

日本大海嘯的事件盤

　　有些占星師認爲，恆星的影響力適用於較深遠的事件上。當恆星應用在卜卦盤時，如果預期的應驗時間是短暫可見，恆星深遠的影響力就會減弱。另外，恆星具有直驗式的意涵，在卜卦盤的解釋上，會直接以所問事項與這些關連的意涵去解釋恆星的判斷。例如：我曾在一張詢問事業的卜卦盤中，看到ASC緊密會合大陵五。前面提到這個恆星代表斬首的意涵，因爲詢問者詢問的主題是事業，當然不會解釋成當事人遭受恐怖謀殺，「斬首」的意涵可以詮釋成「被辭退」（相似於厘語所謂砍頭的徵象）。結果當事人所主管的整個部門，就遭到上司惡意辭退全數員工，符合了大陵五的徵象。

重要的恆星介紹

　　在此先列出里利特別列入期計分表的三個恆星：軒轅十四、角宿一、大陵五，再以黃道順序列出其他恆星。

軒轅十四（Regulus）

　　西元二〇一〇年所在黃道位置爲獅子座二十九度五十八分。托勒密認爲它是獅子的心臟，具有火星與木星的性質。波斯占星師把它列爲四個皇冠恆星（Royal Stars）之一，且爲北方的守護者。它是歷史上最重要的恆星之一，波斯人認爲它是神話傳說中的波斯英雄：菲瑞登王（King Feridun），他曾經主宰著整個世界。因此，**軒轅十四是所有恆**

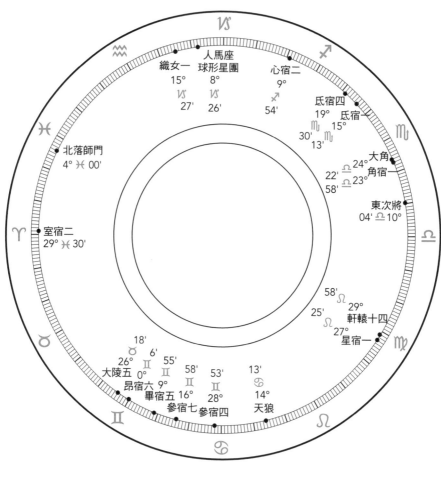

恆星位置圖

星中地位最高的,相當於國家君王之尊貴,故為吉祥的恆星,代表領導
力、最高的軍事權力與榮耀、獲得成功、名譽地位等吉祥徵象。但若受

到復仇意念驅使，反而會因此喪失權力。四個皇冠恆星都象徵著榮耀、成功與幸福，但它們都有一個特定的敵人成為它的試煉，克服後才能得到成功。所以，軒轅十四的宿命敵人就是強烈的復仇欲望。

角宿一（Spica）

　　西元二○一○年所在黃道位置為天秤座二十三度五十八分。托勒密認為它具有金星的性質，以及一點點火星的性質。它代表上帝賜予人類的禮物，而這份禮物就是讓大地豐饒收成，因此，象徵給予人類耕種的知識。當然，對於非農耕的現代社會而言，角宿一在現代就代表具有某個專業領域的知見，並且能表現出眾的潛能，代表順利、運氣、富裕，是個相當吉祥的吉恆星。

大陵五（Algol）

　　西元二○一○年所在黃道位置為金牛座二十六度十八分。自古的占星師都認為它是最凶惡的凶恆星，具有火星與土星的性質。它象徵希臘神話中蛇髮女怪梅杜莎（Medusa）的蛇頭，容易有凶禍，或有脖子喉部疾病、骨折、傷殘等，最要注意頭部的撞傷、嚴重撞擊的危險，還代表腐敗汙濁。另有一個神話傳說，相傳它是亞當的第一任妻子莉莉斯（Lilith），因為不願順應亞當的需求而離開他，因此Algol象徵著男性所畏懼的女性（陰性）事物，例如情欲強烈的情人、妓女等。

畢宿五（Aldebaran）

西元二〇一〇年所在黃道位置為雙子座九度五十五分。托勒密認為它具有火星的性質。它也是四個皇冠恆星之一，且為東方的守護者。它象徵波斯的戰神，也主管信約，具有強大的能量以完成許多事情，以正直與道德來獲致成功。但它具有火星性質，性格易騷亂而缺乏穩定性，堅持隨眾者要誠實純潔，否則即被定罪，故容易樹立敵人，成功不易持久。所以，畢宿五的宿命敵人就是道德信用的潔癖。

婁宿三（Hamal）

西元二〇一〇年所在黃道位置為金牛座七度四十八分。托勒密認為在牡羊座的頭上的恆星，具有火星和土星的性質。自從婁宿三從黃道牡羊座入至金牛座六百年以來，其意義已從野蠻襲擊遷徙，轉變為征服者建構強大帝國，在其強制管理下維持和平與秩序。

天大將（Almach ）

西元二〇一〇年所在黃道位置為金牛座十四度二十二分。托勒密認為它類似於金星的性質，也具有處女座的特質，因此賦予思想、道德、名譽和尊嚴的純度，但易因妄想的恐懼而促成戰鬥、易氣餒的傾向。它給予夫妻間的愛而獲得和解與性生活，它因替他人謀取福利而受歡迎。天大將具有易變與娛樂的愉悅天性，因為它是雙恆星（double-star），另一個夥伴為紅黃色具有火星特質，兩者繞著一個中心點，也帶出金星

與火星的輪替特質。

昴宿六（Alcyone）

西元二〇一〇年所在黃道位置爲雙子座〇度六分。托勒密認爲它具有月亮與火星的性質，爲「哭泣的姊妹」星群之一。它象徵放縱自己強烈的企圖心，造成反覆無常的騷動，因此被放逐受苦難而傷心哭泣，也容易造成眼睛的問題，甚至失明。昴宿六也代表宿命地被判決死亡，帶來無情殘酷與憤怒的批判。

參宿七（Rigel）

西元二〇一〇年所在黃道位置爲雙子座十六度五十八分。托勒密認爲它具有木星與土星的性質。在埃及神話中，它在歐里西斯（Osiris）腳邊接受祂的智慧與保護。它象徵學習機械專業的技術而獲得富裕與榮耀，但也必須不斷地競爭才能維持成功的地位。參宿七代表教育者，但不限於學校的知識，也包含各種領域的知識，如藝術或發明創造的才能，它能輕易看出事物的完整性與發展性，且不只爲增加個人所獲，更爲增進全體的提升。

參宿五（Bellatrix ）

西元二〇一〇年所在黃道位置爲雙子座二十一度五分。參宿五爲女戰士，托勒密認爲參宿四與參宿五如同木星和土星的對應。參宿五予以

強烈的自尊心與自信，但反覆無常、傲慢、暴力、不敬，能促使貿易繁榮，特別是遠航或國外貿易，但具有背叛和毒品的危險。羅馬人認為它對牛隻有害，會造成暴風雨。

參宿四（Betelgeuze）

西元二〇一〇年所在黃道位置為雙子座二十八度五十三分。托勒密認為它具有火星與水星的特質。它也是一個非常重要的恆星，象徵上帝的右手臂，代表幸運、成功、卓越、永誌不墜的名望，它的成功是明顯、有力的，完全沒有受到任何約束限制與雜染，但也具有機靈易變、性急躁進的特質。

天狼星（Sirius）

西元二〇一〇年所在黃道位置為巨蟹座十四度十三分。托勒密認為它具有木星以及一些火星的特質。它也是天空中相當重要的一個恆星，它的升起與下降時間非常規律，古埃及便是以天狼星的位置作為曆法的基礎。天狼星的升起也與尼羅河的氾濫期相應，所以天狼星又被稱為尼羅星（Nile Star）。

相傳天狼星的熱氣會造成狗兒的狂亂，由於天狼星在西元前三千二百八十五年就受到膜拜，所以在埃及象形文字中，狗的徵象符號具有崇高地位。天狼星代表好的聲譽與榮耀，以及信念的保衛者，自尊心與企圖心強，喜歡權力，但會因過於急躁促成事情而陷入危險。

南極老人（Canopus）

西元二○一○年所在黃道位置為巨蟹座十五度六分。托勒密認為它具有土星和木星的性質。南極老人會促進繁榮的貿易和航行，以及心靈和精神的力量，但它也會產生溺水的情況。

北河二（Castor）

西元二○一○年所在黃道位置為巨蟹座二十度二十二分

北河三（Pollux）

西元二○一○年所在黃道位置為巨蟹座二十三度二十一分

北河二與北河三是雙胞胎，北河二是必死的一方，以其馴服和管理馬匹的技能著稱，托勒密認為它具有水星的性質，它能在法律上具有卓越、敏銳的才智，和許多成功的旅行，喜愛馬，會有突然降臨的名望和榮耀，但往往有金錢損失與恥辱、疾病、煩惱和痛苦隨之而來，且喜歡惡作劇，並有暴力傾向。

其不死的雙胞胎是北河三，拳擊手。托勒密認為它具有火星的性質，它象徵敏感狡猾、奔放勇敢、大膽殘忍和魯莽的天性，熱愛拳擊，並常與毒品有關。

星宿一（Alphard）

西元二〇一〇年所在黃道位置爲獅子座二十七度二十五分。它是長蛇座的心臟，托勒密認爲它具有土星與金星的性質。它象徵血液受毒害，或是遭下毒謀殺，像瓦斯中毒、被毒蛇咬、狂犬病、濫用毒品等導致死亡，或是因狂暴激烈的情感、憎惡女性而陷入危險，成爲暴力犯罪的受害者或犯罪者，但是它還具有智慧、音樂與藝術的才華。

東次將（Vindemiatrix）

西元二〇一〇年所在黃道位置爲天秤座十度四分。托勒密認爲它具有土星與水星的特質。它有另一個名字爲葡萄的採集者，因爲當它與太陽一同升降時，象徵著葡萄的豐收。在現代，它可作爲播種後的收成，也可以象徵有收集興趣的人。東次將也具有心智上的專注力，可發揮在建築設計與商業交易、神祕玄學上。但在古代，它同時代表許多較不利的事，如不名譽、偷竊、荒唐愚蠢的行徑，且容易變成寡婦鰥夫。

大角（Arcturus）

西元二〇一〇年所在黃道位置爲天秤座二十四度二十二分。因爲它的外觀爲紅色，所以托勒密認爲它具有木星與火星的性質。它是在天極圈（circumpolar）與赤道圈的邊界巡守的哨兵，如同遊牧民族與農耕者的交界橋樑，所以它代表領導並保護人類去接納新的生活型態，甚至具有強烈的企圖心，以取得領先的第一步。它代表富裕與榮耀，以及順利

的旅程，也可在藝術領域上獲得成功。

氐宿一（South Scale）

　　西元二○一○年所在黃道位置爲天蠍座十五度十三分。托勒密認爲它具有土星與火星的性質。它代表凶狠、暴力、疾病、謊言、毒害。在夜間盤時，它更容易造成健康的傷害。如果與它的另一半——氐宿四同時存在，其名聲會永誌不朽。氐宿一與氐宿四都傾向投入社會改革運動，但氐宿一的動機比較不是爲了獲得個人利益。

氐宿四（North Scale）

　　西元二○一○年所在黃道位置爲天蠍座十九度三十分。托勒密認爲它具有木星與水星的性質。代表榮耀、卓越與企圖心，具有政治、法律的才能，會投身於社會運動。氐宿四比較是爲了物質現實利益或權力的動機，而去參與社會改革，如同民意代表爲了促進地方繁榮，但也爲了自己的利益而參選民意代表。

人馬座球形星團（Facies）

　　西元二○一○年所在黃道位置爲摩羯座八度二十六分。它代表射手的臉，托勒密認爲它具有太陽與火星的性質。它代表被致命武器瞄準射擊，這是射手最困難危險的狀態，所以象徵弱視甚至失明、突然的死亡、危險暴力。因爲射手進行射擊時，需要專心聚焦於目標，因此象徵

冷漠、疏離、不顧他人，且具有完美的才藝與統御司令者，也代表激烈戰爭中的冷酷無情與內心的黑暗面。

織女一（Vega）

　　西元二〇一〇年所在黃道位置為摩羯座十五度二十七分。托勒密認為它具有金星與水星的特質。它是相當美麗明亮的恆星，在埃及神話中，它是幫助靈魂轉世的神，也是希臘神話中的豎琴之神—歐爾甫斯（Orpheus）。它的音樂可以安撫野性的動物，所以它是音樂之星。它也具有超凡天賦的神祕力量與魅力，所以有表演與音樂上的才華，也會因此導致傷風敗俗的生活，通常好色，但也對前景滿懷希望，具有領導能力與社會自覺力。

北落師門（Fomalhaut）

　　西元二〇一〇年所在黃道位置為雙魚座四度〇分。托勒密認為它具有金星與水星的性質。它也是四個皇冠恆星之一，且為南方的守護者。它象徵天賦的神祕學潛能，因為具有脫塵出世的愛，與崇高的願景和理想而獲得不朽的成功，特別是在精神層次上。但是它要達成理想之際，須衝撞世俗的主流想法，唯有保持夢想的高尚與超然，才不會陷入不切實際的誘惑中，得到真正成功的果實。所以，北落師門的宿命就是要保持夢想的超然與純粹。

室宿二（Scheat）

西元二〇一〇年所在黃道位置為雙魚座二十九度三十分。托勒密認為它具有火星與水星的特質，象徵極端的不幸、謀殺、自殺、溺斃、被謀害而監禁或死亡，快速的增加與失去朋友；但如能放下過往攸關性命的意外，它具有很高的心智創造力、想像與藝術的天分。

還有更多的恆星資料，請參閱秦瑞生老師所著的《占星學》（上）（下）。

特殊點（Lots）

特殊點又稱為阿拉伯點（Arabic Parts）。其實，阿拉伯點的名稱並不是適當的稱呼，因為這些特殊點早在阿拉伯人使用之前，就已經為巴比倫、埃及、希臘等地的占星師所使用。但是，特殊點確實是被阿拉伯人發揚光大的，他們甚至發展出更為龐雜細膩的特殊點系統，讓古典占星的應用更為靈活。

被阿拉伯人發揚光大後的阿拉伯點，可以廣泛應用在各種事件的推論上。例如有以下的點：遠行點、大麥點、洋蔥點、開除點、辭職點、走失動物點、訴訟點、拷問點、斬首點、洪水點等，涵蓋了生活中各種可能會遇到的人事物，目不暇給到令人咋舌。請讀者放心，在實際應用

上，倒不需眞的用上全部繁複的阿拉伯點。應該要以行星的推論爲主
軸，再以與特定事項相關的阿拉伯點作爲輔助判斷，以此修正推論。

　　特殊點的產生，就是以此阿拉伯點特質相關的兩個行星（或特定宮
始點位置），當作是產生出此點的主要關鍵因子，並計算這兩個行星的
距離；再以ASC（大多數的阿拉伯點都是以ASC爲起點）爲起點，找出
相等距離的位置，這個阿拉伯點的位置就落於此處。最爲廣泛使用的阿
拉伯點就是幸運點（Part of Fortune，L），這個點就是以太陽與月亮爲
主要相關因子，所以，首先計算出星盤中太陽與月亮的距離，再以ASC
爲起點，找出相等於此距離的位置，就是幸運點。上述的文字說明以計
算公式表現如下：

　　太陽－月亮＝ASC－幸運點
　　將上述等式調換位置後，就可以變成：
　　幸運點＝ASC＋月亮－太陽

　　希臘時期的占星學都非常注重日間盤或夜間盤的分別，所以某些阿
拉伯點在日、夜間盤的計算會有不同。例如：前述的幸運點公式是日間
盤所使用的，如果是夜間盤，幸運點的公式就會變成：

　　幸運點＝ASC＋太陽－月亮

　　特殊點要如何判斷呢？首先，去觀察這個特殊點是否與吉星、凶星
形成相位，判斷此特殊點受到行星的好與壞之影響；再來，要判斷這個

特殊點	公　式
母親點	ASC＋月亮－金星（日）／ASC＋金星－月亮（夜）
父親點	ASC＋土星－太陽（日）／ASC＋太陽－土星（夜）
子女點	ASC＋木星－火星
手足點	ASC＋木星－土星（日）／ASC＋土星－木星（夜）
朋友點	ASC＋月亮－天王星
愛情點	ASC＋木星－金星
婚姻點	ASC＋金星－土星（男）／ASC＋土星－金星（女）
不動產點	ASC＋月亮－土星（日）／ASC＋土星－月亮（夜）
動產點	ASC＋二宮始點－二宮主星（日）／ASC＋二宮主星－二宮始點（夜）
繼承點	ASC＋月亮－土星
成功點	ASC＋木星－幸運點（日）／ASC＋幸運點－木星（夜）
名聲點	ASC＋木星－太陽（日）／ASC＋太陽－木星（夜）
高等教育點	ASC＋九宮始點－水星
疾病點	ASC＋火星－土星
生命危險點	ASC＋八宮主星－土星（日）／ASC＋土星－八宮主星（夜）
手術點	ASC＋土星－火星（日）／土星＋ASC－火星（夜）
惡性腫瘤點	ASC＋海王星－木星
死亡點	ASC＋八宮始點－月亮
訴訟點	ASC＋木星－火星（日）／ASC＋火星－木星（夜）
合作點	七宮始點＋月亮－太陽
溝通點	ASC＋水星－太陽
投機點	ASC＋五宮始點－木星（日）／ASC＋木星－五宮始點（夜）
偷竊點	土星＋火星－水星（日）／土星＋水星－火星（夜）
入獄點	ASC＋幸運點－ASC主星
暗殺點	火星＋海王星－天王星

阿拉伯點本身是落在好或壞的後天宮位（參見偶然尊貴之說明），再以這個特殊點作爲新的第一宮，去判斷這個特殊點的定位星，是否落在以此衍生的好或壞的後天宮位。

　　在此舉個例子說明：如果婚姻點落在第十一宮射手座，第十一宮是甚佳的吉宮，且婚姻點剛好與吉星金星會合，婚姻點的定位星木星落在第五宮雙子座。如果以婚姻點作爲新的第一宮，木星就是落在以婚姻點所衍生出的第七宮（第十一之七宮，也就是原來的第五宮）；由於第七宮也是吉宮（始宮），因此，婚姻點的狀況就可以判斷爲順利幸運了。

常用的特殊點介紹

　　下頁列出常用的特殊點。還有更多的特殊點資料，請參閱秦瑞生老師所著的《占星學》（上）（下）。

第 9 章

重要的卜卦判斷法則

詢問者在提問的當下，

內心可能會陷入衝突矛盾，無法正視問題，

以致聲東擊西卻沒有正中問題的核心。

好在，其實占星師是可以從卜卦盤判斷出詢問者的態度和所處狀態，

以及自己能否回答這個問題的唷！

判斷有效的卜卦盤

　　古代的宮廷占星師，多數是為了君王與皇室成員們服務，占星師所面對的問題都攸關國家大計，如果判斷錯誤，就可能引來殺身之禍。所以古代的占星師們為了自保，除了勤學熟練占星的判斷法則外，更重要的是，還要學會保護自己的錦囊妙法。因此，他們必須事先分析這張卜卦盤能否正確判斷，於是彙整出有效的卜卦盤的判斷法則，這樣才能事前婉拒可能會判讀錯誤的卜卦盤。

　　現今的占星師雖然不會面臨伴君如伴虎的危險，但可能會遇到好事之人想測試看看占星師的功力，就像葉問一樣，不管在哪裡開館，無論他的態度多麼低調，想踢館的人還是會侵門踏戶而入。在第一章，讀者已經知道如果想要得到正確的卜卦解答，我們的詢問態度必須是真誠的，所詢問的問題必須是在自己認為重要、關心、非常想獲得答案的事情上提問。如果當事人並非真心提問而是打算來測試占星師，或是抱著戲謔的態度來卜問，這樣會造成判斷結果無法顯現的真實狀態。為了能在事前即看出當事人的問事態度，我們可以使用以下的幾種方法來檢測卜卦盤的有效性。

一、時間主星與問題的根本性

　　在古代卜卦與擇日占星中，每個星期不同的日子都會由不同的行

星主管，我們稱之為「日主星」；不同的小時也會由不同的行星來主管，我們稱之為「時主星」。因為卜卦問題存在於詢問者特定時刻的心念之中，所以，當詢問者在心念形成的時刻提問，主管這個小時的「時主星」就會神祕地與此問題相應。**時主星會與卜卦盤的ASC產生一致性，就表示當事人確實存有這個心念來提問，稱為「問題的根本性」**（**Radical**）。

星期日	星期一	星期二	星期三	星期四	星期五	星期六
☉	☽	♂	☿	♃	♀	♄

每星期的日主星排列順序

　　日主星也主管每天日出的第一個小時。例如：太陽主管星期日，也是星期天日出的第一個小時的時主星，當天二十四個小時主星則由太陽帶領依次排列，依照前述的說明，所有時主星變成如下圖的排列。

　　其實，以下的圖形只是簡要的模型。因為不同季節的白天與夜間時間長度不一定是相同，白天時主星主管的時間，是依照每天日出至日落的時間長度，均分成十二等分的時間；夜間時主星主管的時間，是依照每天日落至隔天日出的時間長度，均分成十二等分的時間。所以，每個小時主星主管的時間長度未必剛好都是一個小時。讀者如要使用時間主星，建議使用專業的古典占星軟體（例如 Solar Fire），才能計算出正確的時主星。找出時主星之後，需判斷時主星與ASC的一致性，判斷的步驟如下：

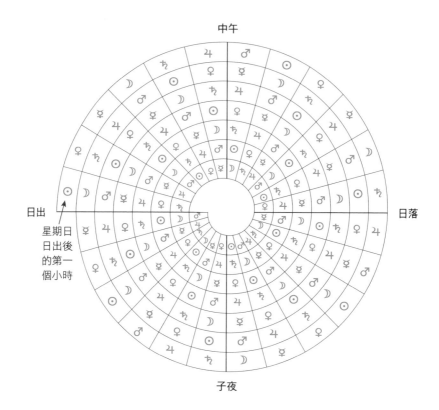

每日的時主星排列順序

① 時主星是否與ASC主星相同

由於古典所採行的時主星僅涵蓋古典時期的行星，並沒有三王星（天王星、海王星、冥王星），所以這裡使用的ASC主星，僅以古典星座的主管行星來判斷。例如：時主星是火星，上升星座是天蠍座，ASC主星也是火星，所以兩者是相同的。

②**時主星是否與ASC的三分性主星相同**

有關三分性主星,請參見第六章的介紹。例如:時主星是木星,上升星座為牡羊座,提問當時為夜間盤,ASC的三分性主星就是木星,所以兩者是相同的。

③**時主星與上升星座的質料相同**

何謂質料呢?占星星座與行星具有「冷熱乾濕」的質料屬性區分,可以用對照表,查對時主星的質料是否都與上升星座相同。例如:時主星為水星,上升星座為魔羯座,兩者都是冷與乾,此時就具有一致性。

質　料	元　素	行　星
熱與乾	火象星座	☉、♂
冷與乾	土象星座	☿、♄
熱與濕	風象星座	♃
冷與濕	水象星座	☽、♀

質料對照表

前面時主星的判斷,似乎是採用非常理論與機械式的方法。但在實務應用上,有時可以很直觀地依據時主星的徵象與所詢問事項的相關性,來判斷時主星與問題是否一致。例如:當事人詢問感情的問題時刻,剛好時主星就是金星,即可以判斷時主星與問題是一致的。或者,時主星剛好落在用事宮位上,也可以說時主星與問題是一致的。例如:

當事人詢問出國留學一事，時主星剛好落在第九宮，也可以據此判斷時主星與問題是一致的。另外，古典占星師經常會使用卜卦盤的上升星座，與當事人的外形或性格的吻合度，來決定這個問題是否符合根本性。或者，卜卦盤與當事人本命星盤的上升星座相同，這樣也是符合根本性。前述這種巧合性在我個人實務經驗中，十分常見。

二、以幸運點作為意念推測

常見到當事人表象上詢問一個清楚的問題，實際這個問題有著更為深入的提問背景，例如有人詢問一段感情是否能有結果，雖然時主星就是感情的徵象星金星，但是他內心更深入的期望是能因這段感情有結果，而至異地生活；或者，有人詢問適合子女的學校選擇，當事人內心關心子女的身體發育遲緩，無法繼續待在課業壓力大的學校。

西元一世紀的占星名家：都勒斯（Dorotheus of Sidon）就以幸運點所在位置，去判斷事項的主題，以這個方法，可作為卜卦意念推測。以前述的例子，我們可以檢查幸運點星座的宮位代表事項，看出提問者背後深入的問題動機，因而理解當事人更多影響抉擇的因素。

三、判斷前的考慮徵象

有種常見的提問狀況也會造成占星師的誤判，就是詢問者在表面的問題之下，隱藏著某些事實沒有直接告訴占星師。此時，我們可以用幾個很簡單的判斷法則，去辨認可能暗藏的狀況，占星師才能充分

釐清問題的全貌。爲了充分了解卜卦問題的全貌，有許多卜卦盤的徵象需要事先考慮，稱之爲判斷前的考慮徵象（Considerations before Judgment）。當這些顯著的徵象出現時，可能暗示著當事人的問題在這個時刻還不夠明確，或者已有不利於所問事項的狀況存在，或是占星師會面臨實際分析上的困難，所以需要小心判斷。以下分別介紹這幾個判斷前的考慮徵象。

① 上升星座是否落在非常前面的度數？

如果你發現所問問題的卜卦盤中，上升位置的星座度數落在非常前面的度數，這個情況的主要意義可能是，**當事人所詢問的事情可能根本還沒有具體成形，所以未來還會有所變化，以至於跟目前的卜卦徵象不符合，或是後續的發展會造成這個問題根本就文不對題。** 另

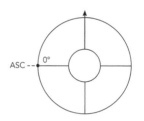

範例：上升度數落在0度

外，常見的是詢問者是臨時想到要詢問的，他自己根本對事情的全貌都沒有清楚地掌握，所以星象也尚未具體成熟來幫助他解答問題。這些狀況會造成占星師的判斷可能跟結果不符，所以詢問者對於這件事情可能需要更多的資訊，或是等待發展出更明確的事態再來詢問。也有占星師認爲，上升度數落在太前面，代表事情的發展很容易會受到當事人的自由意志決定而改變，因此，事情的發展未必會跟占星師的判斷吻合，所以會有判斷上的誤差。

我自己就曾經卜問過這樣的卜卦盤。當時分租給我工作室的二房

東，突然告知他要退租目前的辦公室，這表示，我所分租的小工作室也得被迫跟著搬遷，除非我能選擇接手承租全部的空間。這個選項令我進退維谷。二房東見我面有難色，突然靈機一動地說：妳不是占星師嗎？就自己卜一卦來看看啊？被他這麼一說，我才想到確實可以起卦來判斷。當下就把時間記錄下來，回家打開星盤看這個卦象的結果。有趣的是，卜卦盤就像完全把我當下的狀態識破的小精靈。這個卜卦盤的上升度數竟然就落在〇度的位置，表示我對於當下的狀態資訊完全不清楚，就妄想讓星象來幫我做決定。況且，我也是因為二房東的提醒才突然想到要卜卦，完全符合〇度上升所反映的，當下突發奇想的卜問狀態。

　　看完卦象後，我決定打電話給大房東。沒想到大房東的動作很快，他早已經找到下一任接手的房客，我根本別無他法，只能立刻搬走。由此可知，我的考慮與房東的決定是兩條平行線，所以星象小精靈直接給我〇度上升，簡單明瞭的回覆。我根本是狀況外的詢問者，文不對題的問題就無法得到正確的答覆。

② 上升星座是否落在非常後面的度數

　　如果你發現所問問題的卜卦盤，上升位置的星座度數落在非常後面的度數，在占星上的主要意義可能就是：**當事人太晚詢問這個問題了，即使問了問題得到答案，也無濟於事，因為當事人已經無法改變既有的狀態。**這種情況在實際卜卦時，經常會見到。我曾經遇

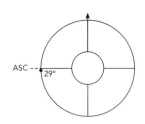

範例：上升度數落在29度

過一個當事人，他已經衝動地遞出辭呈，之後又感到內心不安，不知這樣做好不好，於是問我該不該離職。儘管當事人隱瞞已經遞出辭呈的事實，但卜卦盤的上升度數落在二十八度，天象直接洩漏了他所隱瞞的狀態。當事人只好向我坦白他已經離職了的事實。好在這張卜卦盤也顯示當事人所服務的機構已面臨了困境，離職的決定是對的，他才鬆了一口氣。因為這種卜卦盤的結果也代表：得到答案也無濟於事了。

　　很後面的度數也常會出現另一種狀況：顯示詢問者已問遍所有的人，但是對於詢問的結果都不滿意，最後再找占星師確認自己已經做的決定或行動。我遇過一個情況是，當事人執意要跟某個對象結婚，她已經問遍行天宮地下街、萬華算命街的所有名師，都得不到想要的答案，最後才找上我。所以，此時的卜卦盤就出現了上升星座落在非常後面的度數。

　　另外，如果上升度數是落在二十九度，意味著當事人對於事情的忍受狀態已瀕臨極限，所以非常挫折沮喪，卻苦於無法改變現況。我曾遇過一個當事人詢問應徵大學教職的情況。他說應徵結果將在隔天揭曉，但是他急於想提前知道結果。因為這個卜卦盤的上升度數是落在二十九度，表示事情的結果早已經底定，而且競爭者與這份教職的關係是離相位，離相位也意味著事情的發展已經是過去式。於是，我便推論這個職務早已經內定給競爭者。最後，當事人竟然告訴我，他其實早就知道內定的狀況了（但他並沒有在一開始提問時主動說明），雖然如此，還是想聽聽我的分析。所以，上升度數落在二十九度的徵象，也意味著當事人已經充分了解狀況，但對結果感到非常挫折，雖然得到我的分析答

案，他依舊無法改變現況。

③ 土星是否落在第一宮、第七宮？

　　因為第一宮代表問事人本身，所以如果看到土星落在第一宮，即代表當事人對於以卜卦來處理自身問題，可能感到相當不安。或者，他是一個對命理抱持質疑的懷疑論者，所以對於占星師的態度可能半信半疑，沒全盤說出問題的狀況。甚至，有些占星師的經驗是，當事人可能並不想付費來得到卜卦的諮詢說明。所以，當見到土星在第一宮時，當事人或許會有意無意地掩飾問題的真相。此時，占星師可以直接告訴當事人：「這張卜卦盤顯示你還有些話應該說出來，卻藏在心裡。為了做出正確的判斷，你應該要說出更完整的問題狀況。」

　　第七宮代表諮商者、律師，或是當事人聘雇來提醒自己的對象。在卜卦盤中，第七宮就是代表占星師本人。所以如果土星落在第七宮，由於土星會造成關係的冷淡，因此表示當事人會畏懼占星師，不敢說出全

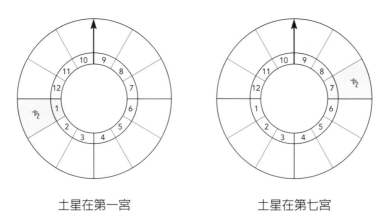

土星在第一宮　　　　　　　　　　土星在第七宮

盤事實，或是與占星師的互動不佳，或是占星師會受到當事人的情緒影響，無法找出正確的對應之道。所以占星師本人可能無法正確地解析這張星盤，會在計算或是判斷上出錯，或是判斷上會有盲點。

　　所以當占星師見到土星落在第七宮時，表示天意在提醒自己目前可能狀態不好，最好避免給出單一的判斷，把所有後續發展的可能性都提出來比較好。有時土星落在第七宮，可能代表占星師在事後才會突然對這張星盤的真相恍然大悟，但也造成當事人延誤耽擱問題的情況。所以此時，建議占星師應該放下身段，請詢問者尋求其他占星師的協助判斷。

　　另外，還有一種例外的情況。就是當詢問者所詢問的問題，直接與第七宮所代表的事項有關時，例如詢問婚姻的狀況，這個問題的主要代表宮位就是第七宮。如果見到土星落在第七宮，即代表當事人的婚姻狀況有著土星的冷漠、責任、壓力等徵象，此時，第七宮的土星就無關乎占星師本人的判斷能力了。

判斷事件是否產生結果

　　如果你已經判讀了卜卦盤符合根本性，也確認這張盤能否顯現判斷前的考慮徵象。再來，依照問題的本質去決定用事宮位與其代表因子，並確認詢問者的代表因子，根據行星力量的判讀，分析用事因子與當事人代表因子的狀態好壞。接下來，再回到相位的主軸，判斷兩者的代表

入相位　　　　　　　　　　　　　離相位

因子能否形成入相位的關係，以此來確認所問事項是否會產生結果。

　　當兩個代表因子已經產生入相位的關係，未來隨著時間的發展，兩者應該可以順利地達到正相位的狀態，事情就會產生結果，公主與王子從此過著快樂美滿的生活……。我們當然都知道，童話故事般的單純生活不會出現在真實世界中，所以，占星師真實面臨的卜卦盤，也不像前面說明的情況那般單純完美。真實世界的卜卦盤經常是複雜多元的，各個行星在運行時會彼此互相的影響，使得前述的完美狀態會產生各種變化，事情未必能順利地產生結果；相反地，如果兩個因子的關係是離相位，或者是形成刑剋的相位時，事情也未必全然沒機會產生結果。以下將進一步介紹代表因子間可能產生的變化題。

一、事情受阻礙的各式情況

① 妨礙（Impedited）
　　如同第六章所說明的行星力量分析，若代表因子本身的狀態不佳，即屬於阻礙事情產生結果的情況。例如：當事人詢問感情對象能否順利交往。如果所問對象的代表因子就是土星，落在第十二宮，所在星座是

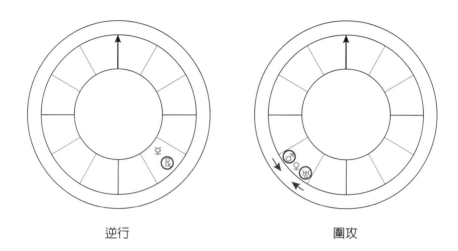

逆行　　　　　　　　　　　　　圍攻

落陷的位置，又逢太陽焦傷等負面狀況，可以想見所問對象可能正陷於
一堆工作、經濟、家庭問題的困難之中。或許這個代表因子跟當事人形
成好的入相位，代表兩人當下是互相吸引的。但陷入許多困境的對象，
已毫無多餘心力再去經營這份關係，前述的入相位關係即使會達成，也
沒有太大的助益。

　　所以，如果代表因子符合下述的狀況越多，所產生的阻礙就越多，
事情的發展就越困難。以下的徵象總稱為**妨礙**：

a.代表因子在凶宮（六、八、十二宮）**或果宮（三、六、九、十二宮）**
b.代表因子落在陷、弱、外來的星座位置
c.代表因子逆行（如上圖）
d.代表因子逢焦傷

e.代表因子會合凶恆星（例如會合凶恆星大陵五）

f.代表因子受凶星刑剋（例如與♂、♄呈九十度、一百八十度度等衝突
　相位）、被凶星圍攻（例如與♂、♄等合相，受包夾）。

② 逆轉（Refranation）

　　因為卜卦盤是動態的，
分析一張卜卦盤時，非常需要
隨時注意行星之後的運行狀
態。如果看到當兩個代表因子
越來越靠近，本來即將要完成
正相位的關係，此時，其中較

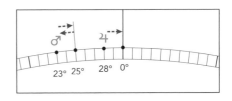

逆轉

為快速的那顆行星，在後面突然轉向變成逆行，反而讓兩者之間的距離
拉開，不再持續靠近。若這個情況持續到慢速行星已經進入到下一個星
座，快速行星才又轉成順行去追趕慢速行星，但因為慢速行星已經不在
原本的星座上，原本可以達成的正相位狀態就無法順利實現，這種情況
稱為逆轉。

　　通常逆轉的徵象，如同現實生活中原本極有把握完成的事情，發
展態勢卻突然逆轉，當事人因而希望落空。例如：當事人詢問運動比賽
的結果能否獲勝。如果當事人的代表行星為火星，正落在獅子座二十三
度，若代表榮耀的第十宮主星為木星，落在牡羊座二十八度。火星原本
就要入相位於木星，但火星卻在獅子二十五度時開始逆行。而在火星
逆行期間，木星持續地往前行進到金牛座，也不再回到牡羊座，如此一
來，火星與木星原本即將成為正相位的狀態於是便落空了。在這種情況

下，可能比賽期間原本當事人一路領先，以為勝券在握的，然而卻在最
後的賽程，意外被逆轉而落敗。

③ 挫敗（Frustration）

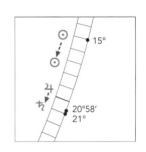

挫敗

　　如果兩個代表因子也是逐漸靠近，即將變
成正相位，但是，當較快速的行星快要追上慢
速行星完成正相位之前，這個慢速行星卻先與
其他行星完成正相位。如此一來，使得較快速
行星無法順利達到預期而希望落空，這種情況
稱為挫敗。

　　通常挫敗的徵象如同當事人期望追求的對象，卻先喜歡上別人與之
交往，當事人的期望因而挫敗。例如：當事人的代表行星是太陽，落在
摩羯座十五度，他的感情對象是木星，落在雙魚座二十度五十八分，木
星旁邊的土星落在雙魚二十一度。就在太陽快要追上木星前，木星卻先
會合土星，先愛上了土星。土星在這個問題中扮演了第三者的角色，挫
敗太陽追求木星的心願。

④ 禁止（Prohibition）

　　如果兩個代表因子也是逐漸靠近，即將形成正相位，但就在此時，
另一個比兩者都更快速的行星介入於兩者之間，與其中一個行星搶先完
成正相位。這種情況就如同有第三者主動來破壞干擾這兩者的交會，稱
為禁止。

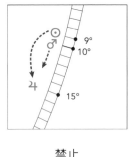

禁止

通常禁止的徵象如同當事人追求某個對象，卻出現一個更為主動、腳步更快的第三者，搶先追走了這個對象。例如：當事人的代表因子為火星，落在獅子座十度，他的感情對象為木星，落在牡羊座十五度。在火星即將與木星完成正相位之際，卻出現第三者太陽落在牡羊九度。因為太陽的速度比火星為快，所以太陽較火星搶先一步與木星會合，此時太陽便造成火星的干擾，禁止了火星與木星六合的正相位，就像是第三者後來居上，贏得先機。

二、事情能完成的各式情況

前面介紹了許多種破壞事情完成的因子，或是因為第三者的阻礙而難以完成；相反地，當兩個代表因子看起來似乎不會有結果時，也可能會有因為其他的助力，或是透過第三者的幫助，而讓此事順利完成的情況。

① 光線傳遞（Translation of Light）
如果兩個代表因子彼此之間形成離相位的關係，無法逐漸靠近完成正相位，或是兩者之間即使是入相位，卻是彼此刑剋的關係，使得事情產生結果的過程佈滿荊棘與困難。此時，卻有一個比兩者運行都更快速的行星，以第三者的姿態串連這兩者。

這個第三者行星與第一個代表因子形成離相位的和諧相位關係，同時與另一個代表因子形成入相位的和諧相位關係；主動與雙方建立的和諧關係就像是在兩個不對盤的人之間，搭起友善的橋梁，促使兩個代表因子透過它而結合在一起。這個第三者所象徵的人事物，就是促成事情完成的間接因子了。

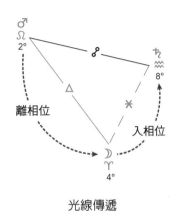

光線傳遞

　　例如：當事人詢問是否能打破與上司之間互看不順眼的僵局？此時，當事人的代表因子為火星，落在獅子座二度，他的上司代表因子為土星，落在水瓶座八度。兩者的關係已經是對沖的不和諧關係，雖然是入相位，卻會讓衝突越演越烈、劍拔弩張，要靠自己去打破僵局不太容易。

　　此時，見到比兩者運行速度都快的月亮，落在牡羊座四度，與火星是三合（一百二十度）的離相位關係，又與土星是六合（六十度）的入相位關係。這種情況代表有第三者願意主動扮演和事佬，接到當事人火星的請託（離相位），去找上司土星溝通（入相位）。月亮就在兩者之間傳遞兩造的行星光線，使得原本不順利的事態發展，因為第三者的出現而產生好的結果。

② 光線集中（Collection of Light）

　　如果兩個代表因子彼此之間形成離相位的關係，無法完成正相位，

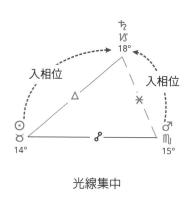

光線集中

或是兩者之間是彼此刑剋的關係，使得事情無法順利完成，此時，卻有一個比兩者運行速度都慢速的行星出現。兩個行星都會因爲與此第三者慢速行星形成入相位的和諧關係，使得兩個代表因子因爲第三者，而把行星光線集中在第三者之處。串連雙方的第三者所象徵的人事物，成了雙方都會請益的調停者，使得事情可以順利完成。

　　例如：某位政治人物想獲得政黨提名，但是他卻無法獲得政黨主席的認可。如果當事人的代表因子爲太陽，落在金牛座十四度，政黨主席的代表因子爲火星，落在天蠍座十五度，兩者之間形成對沖相位的不和諧關係，看起來這個政治人物難以直接找上政黨主席協商提名一事。

　　此時，恰好見到比太陽、火星運行皆爲慢速的土星，落在摩羯座十八度。太陽與土星爲三合（一百二十度）入相位關係，而火星與土星爲六合（六十度）入相位關係，土星如同此政黨得高位重的大老，雙方都需敬重請益此位政壇大老，所以兩造的關係得以透過第三者之調停而順利完成。

　　光線傳遞與集中的第三者，若能受到主要徵象星的容納（見下頁說明）的關係，更能增加成功機會。

③ 容納（Reception）與互容（Mutual Reception）

　　如果兩個代表因子彼此形成相位，其中，**A行星恰好爲另一行星B所在星座位置的五種必然尊貴的主星，此時稱A行星容納了B行星，等於A行星給予B行星力量與幫助。** 例如太陽落在摩羯座，與火星落在天蠍座形成相位。因爲摩羯座的旺宮主星爲火星，所以太陽所在位置是火星熟悉之處，此時火星就會容納了太陽，火星因此能提供幫助給太陽，提升了太陽的力量。

　　如果兩個行星之間的關係是和諧相位，其中又見到容納的關係，更可以確定事情的發展是順利且容易完成的。如果兩者是刑剋相位，有容納關係會比沒有容納關係的狀況爲佳，也因爲構成容納關係，一方會對另一方具有同理心與包容，可以化解兩者不和諧的困難之處，使得事情產生結果。

　　如果兩個代表因子彼此爲對方五種必然尊貴的主星，可以稱這兩個**行星爲互容關係。** 例如木星落在巨蟹座，月亮落在雙魚座。因爲巨蟹座的主管行星爲月亮，雙魚座的主管行星爲木星，所以，兩者互相落在彼

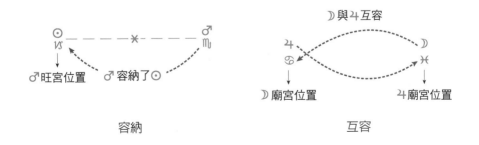

容納　　　　　　　　　　　　　　　互容

此主管星座的位置，可以稱木星與月亮爲互容的關係。此時，它們能夠互相幫助支持對方，進而增強雙方的力量。互容的關係是非常有力的協助。如果兩個代表因子之間的關係是刑剋相位，原本困難的關係將可以透過互容的產生而得到化解，使得事情仍可以產生好的結果。

前面的**容納或互容雖然在五種必然尊貴的位置都可以使用，但只有強的容納與互容較有能力可完成事情。強的容納與互容是指與廟、旺的主星有關係。**弱的容納與互容是指與三分性、界、外觀的主星有關係，弱的容納與互容較無力讓事情發展。

判斷應期

例：當我們確定判斷事情會產生結果時，接下來，通常占星師便會面臨另一種判斷，那就是「事情何時會發生？」。所以，「應期」指的就是判斷事情會發生的時間點。或是另一種情況，如果判斷未來會有困難會發生，「應期」也可以用來判斷問題、困難會出現在何時。

不過，並非所有的問題都一定需要考慮到應期。如果確定這件事情不會發生，當然就無須判斷應期了。如果所問事項本身一定會發生在某個固定的時間，或是有固定的時間限制，也就無須判斷應期。例如詢問比賽的結果，因為比賽是在已經決定的時間舉行，賽程也有固定的時間限制，這時候就不用判斷應期。除非所問事項是爲了決定比賽日期，那

麼就可以依照應期來決定何
時舉行比賽。

宮位 星座	始宮	續宮	果宮
啓動星座	天	星期	月
變動星座	星期	月	年
固定星座	月	年	長遠

應期的時間單位

　　判斷應期的法則說明起
來很簡單，但實務上，卻是
最需要仰賴占星師的經驗值
下判斷的一環。應期的推斷
方式，主要是依照完成事項
的兩個代表因子之間，由目
前的所在位置，兩者至完成正相位的度數距離，去計算出時間的長度，
再依照兩者之中較快速行星所在的宮位與星座，來決定時間的單位（如
下表─應期的時間單位）。

　　例如：當事人詢問應徵工作，如果已經判斷他會得到工作，若當事
人的代表行星爲月亮，落在第五宮雙魚座十二度，工作的主星爲太陽，
落在第九宮巨蟹座十八度。此時月亮往前進時，與太陽完成正相位所需
的前進距離爲六度（十八度減十二度），這就是應期時間的長度。因爲
較快速行星爲月亮，月亮落在續宮與變動星座，查閱上表時間單位是屬
於「月」，故可以判斷在六個月後當事人會得到這份工作。

　　不過，決定時間單位的方式絕不能呆板地執行上述的表格內容。以
前例來說，如果應徵一份工作要等到六個月後才能就職赴任，超乎一般
應徵者求職的等待時間，六個月的應期判斷便顯得相當不符常情。

除非這是一份國際高階主管的工作，需要經過分部與總部高層主管的謹慎考核評估，六個月才可能是合理的應期。所以，占星師必須要依照實際問題合情合理的時間範圍，來推論應期單位，才不至於讓應期的判斷與實際的情況差距甚遠。

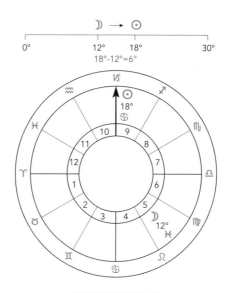

應期的距離計算

另外要說明的是，上述的應期推論架構，並不是以行星真實運行的情況來決定的。以前例來說，月亮從雙魚座十二度運行至十八度，以真實的月亮運行速度而言，所花費的時間大約只有十二個小時，並非前面表格所計算的六個月。不過，仍有占星師會直接以行星真實運行的速度與時間來決定應期，但這種狀況較為少見，一般實務上，仍是以前述表格的時間架構為主來做判斷。

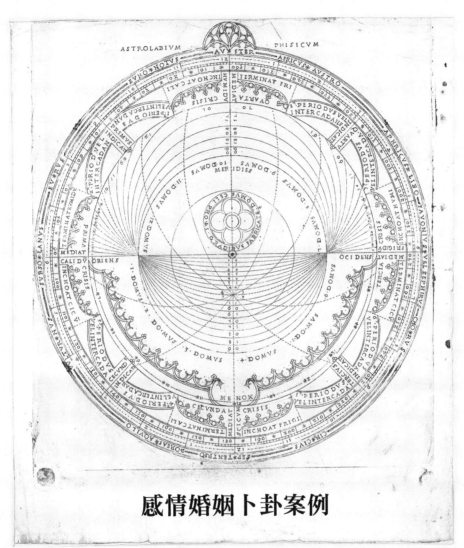

第 10 章

感情婚姻卜卦案例

　　情感這個主題，是卜卦問題中比例最高的。愛情的勾纏魅力會使人深陷其中而不可自拔，遇上感情的攪擾總是會使理智與情緒分裂，身心靈三方此時各走各的路。現代人的感情常涉及無止的欲望、人際與家庭關係、金錢權力，有時，這些眾多配角反躍身成為主角，讓情感更加錯綜複雜。因為我們常難以察覺感情的發生點，多是自己將內心的不完整，投射到另一個在生命交錯點相逢的對象上，以為他能填補內心的匱乏，卻反而造成更大、更難以填補的空虛恐懼。其實，當我們逐漸修補心理與生活態度趨向完整健全，學著自在地跟自己相處，確認自我生命的道路方向，並且多培養一點耐心，我們就有機會遇到成熟包容的對象，成為攜手走向相同人生道途的伴侶，就不再陷入愛情糖衣包裹的遊戲陷阱中。

　　常見的感情問題，多是詢問能否與所問對象順利發展感情，透過卜卦窺知對方的態度心境。也有當事人同時有兩個以上的對象，不知該如何取捨，或是雙方的關係已經瀕臨絕裂，當事人卻仍懷抱一絲期望，看看彼此是否尚有未盡的情緣。也常見到當事人明知這是一段該斬斷的地下戀曲，卻非要看到卦象才能下定決心離去。在實務上解析感情時，我大多會以卜卦盤優先於合盤的判斷。因為卜卦能說明雙方當下的態度、關係在目前的持續發展、還有哪些其他因子參與了感情的發展等說明。所以，卜卦可說明當下立即性的徵象，會比合盤更直接明瞭。

　　詢問感情的用事宮位與代表因子，應該就是第五宮愛情宮與金星。但是，以我的實務經驗值來看，當事人所詢問的對象的徵象與第五宮未必相符。**第五宮的徵象描繪的常常是這份感情的發展狀態，甚至不代**

表承諾長遠的關係，反而第七宮才會直接與當事人的對象特徵相符合。根據許多的實證，第七宮雖然名為婚姻宮，但是我逐漸地把第七宮作為當事人詢問感情的對象，無論雙方是否已有婚姻關係。當然，我的經驗值並非是絕對的情況，讀者也可從自己的案例中實證看看。

　　無庸置疑地，第一宮肯定是當事人自己本身，第七宮則是所問的對象。當然，在更加複雜的關係當中，還會使用到更多的徵象星。**如果有配偶關係，就會以太陽與月亮作為男女雙方配偶的代表因子，或是以金星與火星作為雙方感情的出軌對象。**當這些徵象同時被拿來判斷時，肯定是複雜的分析，但是，這也清楚呈現了複雜多端的現代男女的情感狀態。分析卜卦盤時，**會先判讀第一、第七宮內的行星，這些行星代表著雙方當下的心境，並透過第一、第七宮主星的所在位置，判斷雙方在關**

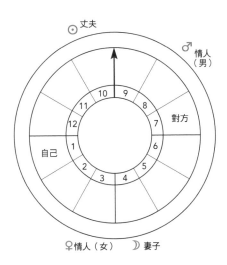

感情的用事宮位與代表因子

係中所在意的生活領域；再來，判斷雙方的代表因子是在何種必然尊貴的力量上，代表雙方感情上的誰強誰弱。通常感情的卦象會特別留意是否有容納與互容的徵象。**容納與互容的徵象代表具有同理心與情感的交流，這個徵象在感情的卦象上甚為重要。**

以下就直接分享感情與婚姻的相關案例。

【案例一】這段婚姻是否要繼續下去呢？

◆ 時主星：火星，代表問事處於衝突危機的狀況

當事人代表因子：

◆ 第一宮為金牛座：代表當事人對愛情婚姻的忠誠度高。

◆ 第一宮主星金星入旺在雙魚座：自尊心強，但心地仍是柔軟易感

◆ 在火星界：也代表受對方影響憤怒

◆ 在第十一宮：正接受人際關係、特別是女性的支持，也可能是其他女性的好感。

◆ 金星四分相於火星與土星，受到配偶與其外遇關係的婚姻困境。

◆ 金星空虛，代表已經無法繼續承受配偶的外遇。

◆ 婚姻點：處女座4度，落在第五宮，代表維繫婚姻的關鍵在於子女。

配偶代表因子：

◆ 第七宮為天蠍座：代表配偶的感情態度為敢愛敢恨，但也具有防備心難以捉摸。

◆ 第七宮主星為火星：與第七宮星座天蠍座沒有相位關係，迷失了自

己。

- ◆ 持續入相位會合土星：接近一個帶來困難、反覆的關係。土星逆行代表此對象的感情也是反反覆覆，火星將會於8度逆行。
- ◆ 火星與土星都在雙元星座，受五宮的木星定位容納，火土木海的三型會沖：縱情於享樂，但實際上矛盾不安（木星入陷又逆行），是一段迷失自我縱情歡愛、各自劈腿又反覆不定的關係。

月亮的狀態：

- ◆ 月亮在第九宮：代表想要尋求法律程序
- ◆ 月亮入陷於摩羯座：此感情事件陷入崩解的狀態，在摩羯座為承擔苦楚與責任。
- ◆ 月亮剛離相位於金星：因為女性朋友的推介而來找尋諮商。
- ◆ 月亮已空虛在末度數：代表當事人已經絕望至極，內心空虛無力繼續。

此案例的當事人發現太太外遇的跡象（金星與幸運點都在十一宮，為七之五宮，以衍生宮來說就是配偶的愛情宮），月亮也剛離相位金星），質問太太是否有第三者，但太太不承認卻也拒絕溝通，她每天回家就關在房內，兩人在家中互動像是陌生人，小孩也察覺父母關係的異狀，讓當事人難以承受心痛到了極點（三宮主月亮空虛在末度數），透過女同事的推介而找上我，想知道這段婚姻是否還有機會能走的下去。

這段關係顯而易見的問題在於七宮內的火星與土星，火星持續接近

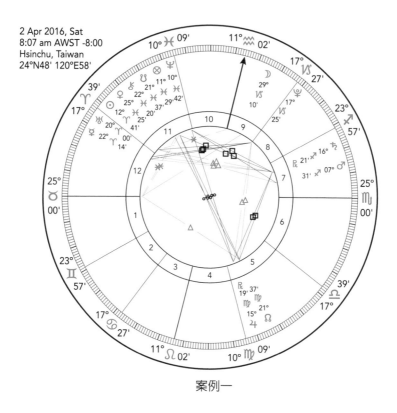

2 Apr 2016, Sat
8:07 am AWST -8:00
Hsinchu, Taiwan
24°N48' 120°E58'

案例一

土星，妻子因為婚外情而迷失自己，土星則為第三者，是一段迷失自我縱情歡愛、各自劈腿又反覆不定的關係，當事人經過暗中探查，得知妻子的外遇對象也是有婦之夫，因為火星會在8度折返，判斷妻子的外遇對象無法給她情感上的安全感與承諾，妻子應該又會回頭。

但畢竟月亮入陷且空虛，當事人長期獨力承擔這段婚姻中的家庭責任，自己心中對太太的決絕態度已經心灰意冷，他覺得提不起力氣再

繼續下去了，但是的雙魚座柔軟心地竟還替妻子緩頰說：自己也有錯在先，婚姻初期有段時間因工作忙碌，沒有時間陪伴妻子，讓她寂寞；另一方面怕小孩受父母感情不合的影響十分猶豫婚姻的去留，對外為了顧及面子，也不直接說破是妻子的行徑導致雙方漸行漸遠。

　　問卦之後他決心對妻子提出離婚，妻子本來已經同意接受離婚，後來果然又反悔想重回到婚姻中，因為妻子重新回頭，當事人又猶豫不決地想是否該接受，不過，當事人早先諮詢律師並接受其建議，請徵信社暗中調查妻子與外遇對象的互動，隨後掌握到妻子的外遇證據（發光體太陽在十二宮宮始點位置，太陽的光線傳遞連結了火星與土星，照亮妻子與第三者的關係），妻子已無法閃躲外遇的事實，終於願意簽字離婚。

【案例二】他究竟有把我當女友嗎？

- ◆ 時主星：金星，此卦確實在問感情，為有效盤，但金星入陷代表這個感情為離經叛道、難以掌控的狀態。

當事人代表因子：

- ◆ 第一宮為摩羯座：代表當事人個性有責任感，對愛情婚姻也是以較為現實的角度去面對。宮內有逆行的冥王星，代表當事人對此關係有強烈的猜疑。
- ◆ 第一宮主星土星在第十二宮射手座逆行：在外觀上，代表此關係仍有資源條件支持著她，但她十分迷失且自尋煩惱，土星與冥王星都逆行，難以確知自己該進或退。

所問對象代表因子：

- 第七宮為巨蟹座：代表對象的感情需要像家人般的安全感，才能安撫情緒，幸運點在七宮，代表此問題主要關鍵就是在此對象身上，朋友點也在七宮內，代表兩人的感情關係具有知心朋友般的情誼。

- 第七宮主星為月亮，入弱於第十一宮天蠍座，且在焦傷途徑上，但緊密會合MC：代表此對象的社經地位高，在社交上是個閃亮的明星，但內心有祕密很怕坦露受傷而具有很強的防備心，表面看似體貼溫柔好客，卻有高築的心防，不會輕易讓人一窺他的內心世界，卻因不安全感帶來很強的佔有慾。

- 月亮的四個尊貴位置的定位星全是火星（天蠍座沒有旺主星）：十分不尋常的徵象，代表所問對象內心有強烈的性渴望，且火星在雙子座第六宮始點位置，與高高在上的月亮相反地，火星在很低的社會位階，且為雙子座，與水星互容，代表買賣或交易或是甚佳的口才，有外觀的尊貴位置，代表尚有資源條件，例如佼好的外貌，重要的是，與月亮沒有任何相位關係，代表與此對象沒有實質的連結。

- 月亮下一個入相位為對沖五宮內的太陽：不安全感的佔有慾帶來感情的干擾，卻也導致與太陽分離（如果太陽代表某個特定對象）。

當事人（女性）所問的對象（男性）是位具有十分高的職業地位，家世背景也都顯赫的社會名流，當事人礙於自己也有穩定交往的男友，與所問對象以曖昧情愫的互動方式長達四年（月亮在天蠍四度），當事

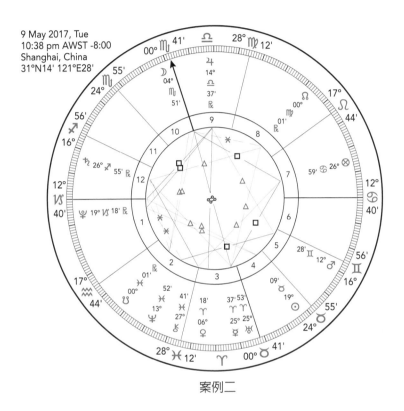

案例二

人自述與此對象的互動其實就像一般情侶般，對方經常會邀請她一同出國旅遊，她也見過對方家人，只是雙方從未正面承認他們的關係，他們經常造訪的店家會稱呼兩人為男女朋友時，男生也不予以否認。

但綜合上述徵象判斷，這個對象藏有自身的祕密，強烈沒有安全感，需要有人給他情感上的親密連結，但從朋友點在七宮，月亮也在朋友宮內，此人在此情感的連結是像家人般的朋友關係，再者，由月亮

受火星強烈定位來判斷，他應該深受強烈的性慾望的驅使，他會受到吸引的對象，社經地位與生活也有很大差異，無法眞實交往；再從月日對沖來判斷，在<Rhetorius the Egyptian Astrological Compendium>提到如果七宮看到月亮與太陽、金星對沖，有同性戀的徵象，但此人無法眞正與喜歡的對象交往。可是他的佔有慾十分強烈，會入相位對沖於太陽，與冥王星六合，干擾當事人既有的感情關係，仍想連結（佔據）當事人。

當事人一直納悶的地方是，他們已經多次單獨出遊，卻都各自睡獨立房間，從未有過親密關係，但他們的關係又是如此的浪漫甜蜜美好，男生甚至購買一間新房，特別留給當事人專屬的房間。

他們在乎彼此也強烈需要對方的情感支持，是精神上的柏拉圖式的感情，透過這樣的互動，她也可以自欺自己沒有對男友出軌；但是，實際上她當然無法滿足於柏拉圖式的感情，想要進一步的關係，她很想知道這個對象究竟是怎麼想的。就在他聽完我的分析後，內心大崩潰，其實這個結果，也是她早就放在內心的猜想，幾天後她確實有發現對方一些私人物品與證據，確知這個判斷了。

其實當事人所遇上的狀況，就算不以卜卦盤，以一般常情都可以推知這樣的可能性，但此卜卦盤的邏輯推演，讓她更加確知這個實情。

【案例三】愛情二選一，A或是B呢？

◆ 時主星：金星

代表因子：

◆ 上升星座爲天秤座，當事人的代表主星爲金星。另外，第一宮內的土星也代表當事人，月亮同樣也是另一個代表主星。因爲是二選一，所以有幾種方式可以決定各自的代表因子。此處以太陽作爲代表A先生的主星，以木星代表B先生的主星。

　　這是在我們卜卦課堂上，學生爲當事人所提出的卜卦盤，相當簡單容易判斷，結果也符合並應證了卦象。由上升星座天秤座，以及金星所在的處女座皆爲人性星座，但是土星落在第一宮，又是第四宮主星。由此可以判斷當事人是一個外形優雅、具有聰慧氣質的女性，但是她的年紀較長，是位超過適婚年齡的熟女，因此正承受著結婚成家的壓力。

　　太陽落在處女座第十一宮，金星會合太陽，卻是離相位，且金星被太陽焦傷。木星落在金牛座，位於第八宮始點的位置，目前是停滯後將轉爲逆行。金星是木星的定位星，容納了木星，而且兩者未來的行進方向會彼此靠近，只差二十分就能完成正相位。

　　上述的徵象表示A先生是位有社會地位、擁有良好人際關係、從事學術相關的工作（A先生是大學校長）、處事謹愼保守的人，對於感情的表達頗爲自制有禮。雖然兩人已經交往一段時間，卻沒有燃起熾熱的

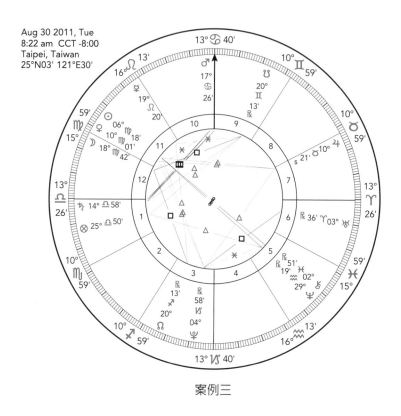

案例三

情感火花，當事人甚至與A先生相處，會感到壓力。反觀B先生的財富狀況甚佳，與當事人是舊識，重新追求當事人。當事人也欣賞B先生，彼此愛慕的情意熱烈，兩人交往順利而且進展神速。

這個卦象最後的結果是，當事人離開A先生選擇了B先生，而且B先生在問卦後第十五天，即向當事人求婚。最後的喜訊是，兩人趕搭建國百年的結婚風潮，已經在十二月二十一日登記結婚了。

【案例四】與這個對象將會如何發展呢？

◆ 時主星：太陽

代表因子：

◆ 上升星座為射手座，當事人的代表主星為木星。另外，第一宮內的冥王星也是當事人的代表主星，月亮也是另一個代表主星。第七宮為雙子座，水星是此對象的代表主星。感情的代表主星為金星，因為詢問者為已婚女性，所以她的先生是以太陽作為代表主星。

代表當事人的木星落在第五宮金牛座，卻見到逆行。木星的定位星，也是第五宮主星的金星落在第十宮，而代表對象的水星則落在第十宮，定位星也是金星。但是木星對沖金星。由此可以判斷，兩人在事業上有著密切的關係，而且都是跟藝術有關的工作。

受金星定位的兩人都具有迷人的魅力，彼此間是一段關係長久、卻又反覆不定的情感。兩人都想重新品嘗甜蜜的愛情滋味，不過當事人對於重溫這份感情的態度卻是矛盾的。回頭的木星無法與水星產生相位，所以挫敗了兩人的感情發展。

再看另一個當事人的代表主星—月亮，落在第四宮牡羊座。月亮剛離相位的行星是第十宮的太陽，而即將入相位的行星則是第十宮的土星。土星是第二宮的主星，月亮與定位星火星形成三分相位，而火星又位在第八宮內劫奪的獅子座內。表示當事人因為先生專注忙於事業，使

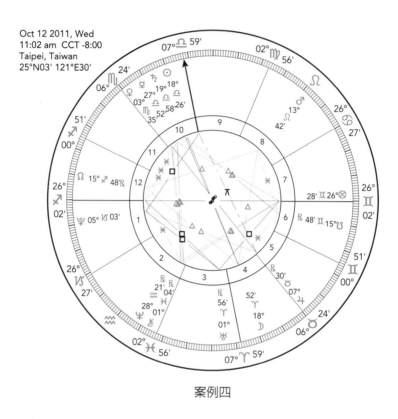

案例四

她得獨自面對家庭，造成兩人關係的僵局。

　　接下來兩人要面對的是金錢的壓力，更使得關係的摩擦擴大。她雖
然在意家庭生活，但她也覺得自己受困於家庭生活，因爲她是個活潑性
感的女性，需要更多的熱情與關注來突顯自己的生命力。好在，劫奪的
火星使她仍能把持住心中的激情，沒讓自己背信於婚姻的承諾。

　　最後，當事人對於與詢問對象之間的感情，在理智的抉擇下踩了刹車。由於這個卦象的時主星是太陽，所以儘管當事人所詢問的是婚姻外的感情對象，但她與先生的婚姻關係才是問題的真正癥結所在。當事人與先生的感情日益冷淡，婚姻生活難以達成共識，雙方最後決定暫時分居。

【案例五】這個對象是否真的喜歡我呢？

◆ 日主星：水星
◆ 時主星：太陽
代表因子：
◆ 上升星座為雙子座，當事人的代表主星為水星，月亮也是當事人的另一個代表主星。第七宮為射手座，對方的代表主星為木星。

　　代表當事人的水星落在第七宮射手座，第五宮始點落在處女座，水星是五宮主，也在射手座，皆為雙元星座。水星正與第五宮內的火星形成四分相位。這些徵象都代表當事人是個想法多變、說話誇張、卻常抓不住重點的人。她同時與兩個感情對象交往，因為與原男友正在衝突鬧口角之際，才會讓卜問的這個對象有機可乘。當事人在詢問的當下，非常在意這個新的對象，心緒已經完全隨著對方的反應起伏不定。但她心中不斷冒出的各種念頭，彼此矛盾混亂，讓她十分困擾而難以決斷。

　　代表對方的木星落在第十二宮的金牛座當中，木星的定位星是金

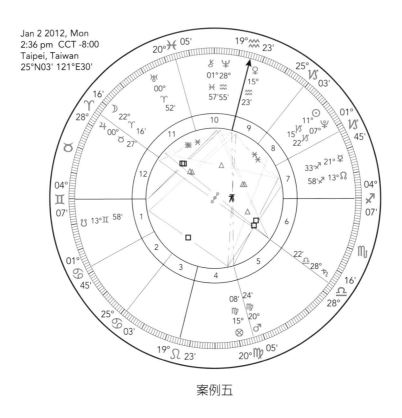

案例五

星，而木星的旺宮主星則是月亮，金星對於木星的重要性高於月亮，只是金星之於木星已經是離相位了，但代表當事人的月亮與水星皆與木星無相位關聯。這些徵象表示，對方並沒敞開心胸面對當事人，很多事情都暗自隱瞞當事人。雖然這個男生確實喜歡當事人，但是他心裡應該還有其他的女生。而且，另一個女生在他心中的重要性高於當事人。

因為金星與月亮運行的速度都比木星快。這個男生習慣讓女生主動

追求，他只釋放善意，靜待女生主動發展感情關係。雖然前女友主動離開他，但又見到這個詢問者主動喜歡上他。他在關係當中，都是不動如山的那一方，無須主動建立關係或給予承諾。

　　我一直勸這位已失去判斷的詢問者，如果兩人關係都是由她主動建立起，那麼未來在這份關係中，需要妥協與配合的勢必都是她。男生只要說：「當初是妳自己要來喜歡我的，我可沒有主動追求妳喔！」他就不需為兩人的關係負起責任。我的勸說似乎無法讓她清醒。不過，月亮入相位於木星前，會先遇上土星來挫敗。也就是說，即使她仍執意要繼續發展這份感情，但是土星橫在眼前，最後她也難以如願。

【案例六】我何時會嫁掉呢？

◆ 日主星：月亮
◆ 時主星：月亮

代表因子：

◆ 上升星座為雙魚座，當事人的代表主星為木星與海王星，一宮內的月亮與天王星也是當事人的代表主星。第七宮為處女座，對方的代表主星為水星。

　　這張星盤是一位嬌憨可愛的美女學生所提出的，自問自答的卜卦盤。她與男友穩定交往多年，卻一直沒有論及婚嫁。在民國百年年底之際，一位情同姊妹的好友即將舉行婚禮，她理所當然擔任伴娘的角色。

在婚紗禮服店陪好友挑婚紗，看著一件件白紗套在好友身上，讓她的心情沉浸盪漾在飄飄然的喜悅之中。受感染的她也築構起結婚的憧憬，於是心血來潮幫自己卜上一卦，問題是「何時會嫁掉？」。

上升星座為雙魚座，並且落在〇度的位置。月亮與天王星合相在第一宮，落在衝動好奇的牡羊座。月亮是第五宮的主星，也是家庭的徵象星。清楚呈現這是一個臨時突發奇想的卜問，表示當事人起心動念好奇自己感情的狀況能否開花結果，也證實當事人突然發現內心想要進入婚姻與家庭的衝動。

代表婚姻、愛情的金星落在星盤最高點的位置，在第九宮射手座，代表當事人的木星落在第二宮金牛座內。第七宮為處女座，代表男友的主星為水星，也落在第九宮射手座，與金星緊密會合，而且水星與月亮將把光線都集中到金星身上。

這些徵象都顯示，愛神正在眷顧著當事人，好事將近。她很不好意思說，整張星盤在在說明她當下好想結婚喔！前述的徵象，加上代表丈夫的太陽也落在第九宮內，證實當事人的男友是香港人，她的戀情與婚姻的最終結果將是定情於海外。

再來檢視特殊點：結婚點落在摩羯座十八度，落在第十一宮代表大願望的吉象。土星是結婚點的主星，落在第八宮內。土星落在天秤座旺宮星座的位置，會合十分吉祥的恆星：角宿一（Spica），土星的定位星為金星，金星水星最後都入相位六合土星。土星代表礦石的徵象，而

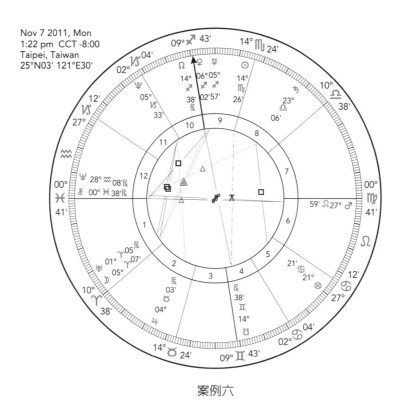

Nov 7 2011, Mon
1:22 pm CCT -8:00
Taipei, Taiwan
25°N03' 121°E30'

案例六

天秤座代表美感精品的徵象，位於第八宮的這顆強而有力的土星，當事人判斷它應該象徵一顆完美設計的大鑽戒。男友應該會帶著這顆鑽戒來求婚。

以下，就讓我們一起見證這個喜訊的現場直播吧：二〇一一年十二月十六日，當事人的男友爲了參加她好友的婚禮而飛來臺灣。當天晚上十點半，他突然要求當事人給他一個擁抱，然後把女生的手從腰部往下

拉到臀部的口袋，女生的手居然摸到一個硬盒子。然後，他要女生自己
拿出來、打開，就像電視偶像劇般的劇情。英俊的男主角接下來會做的
事就是：向女主角跪下，只是真實生活裡憨直的男主角不太會背臺詞，
很緊張說了一番沒頭沒尾的話。總之，女主角也被亮出來的一克拉鑽
戒嚇傻，滿腦空白的她面對男主角緊張的求婚告白，最後只聽到一句：
「妳願意嫁給我嗎？」馬上就含淚地說：「I DO」。終於，男女主角就
要忙著籌劃自己的婚禮了。

　　最後，卜出這支卦的女主角在寫給我的信中，一直不停地說：太神
奇了、太神奇了……卜卦真是太神奇了。

注釋

① 金星落在摩羯座，由於摩羯座是啓動星座，而第九宮是果宮，所以時間單位是「月」。
　金星落在摩羯座十九度三十分，土星落在天秤座二十六度四十六分，兩者之間的度數差
　（二十六減十九）約為七度。

第 11 章

事業工作卜卦案例

　　很多人說，當大環境越是不安定時，占星命理老師就越忙碌，因為越多人想透過命理諮商，尋求未來的解答。正式從事占星服務幾年後，剛好遇上華爾街的次貸金融海嘯，眼見龐大的老字號企業體被動搖解體。這個衝擊不亞於國家的體制變革，因為它解構了大眾原本安身立命的基礎，許多人對於未來感到茫然失措，工作與事業選擇的詢問度自然不少。

　　當二○○八年天王星與冥王星開始形成緊密的四分相位，影響力將持續至二○一九年才逐漸遠離。在如此大環境的轉換下，許多人早已經面臨無可避免的現況變化。當變化並非自願性發生時，許多人因為恐懼不可知的未來，仍甘願被千瘡百孔的現況束縛住前進的腳步，身心受困於徬徨焦慮的情緒中。持續動盪的大環境，也動搖了我們原本依賴的身分與角色認同，但同時，這也是一個重大轉變的時刻，舊有僵化的價值觀已無法繼續催眠麻痺我們，人們將奮力擺脫過往角色的囚牢，往自由的道路解脫，向前方播下更多新的創意與可能性的種子。不受限制進而勇敢掌握生命自主權的人，未來將擁有更多堅實的資源。

　　事業與工作的代表因子，一般會以第十宮作為目前的事業名望、公司發展、與主管的互動等徵象的代表因子，包含第十宮主星與宮內星。即使是詢問應徵新工作，也會以第十宮作為應徵公司的徵象。相關問題常會見到宮位定義上的混淆，不知該以第十宮還是第六宮作為主要判斷的宮位。我再重新分辨如下：**第十宮代表主事上位者，第六宮所象徵的是工作內容繁重與否，或是同事的關係、公司的人事問題。如果詢問者要在新舊工作中做出選擇的話，就要以第十宮作為舊工作，第七宮作為新工作。**

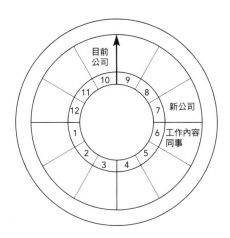

事業工作的用事宮位

第一宮永遠是詢問者自己（當然，除非這個問題是詢問者爲其他人代問），詢問者目前面對事業的心態。第一宮主星與宮內星都是詢問者的代表因子，與第十宮代表因子之間的相位關係，則代表兩者的互動關係。如果是詢問新工作的話，就考慮第一宮與第七宮代表因子之間的相位關係，代表兩者的互動狀況。當然，上述代表工作的因子如果是有力的行星，落在好的宮位不被刑剋，才會代表這是份好的工作；再與詢問者的代表行星形成好的相位，工作才會順利。如果遇上創業、被拔擢等問題，那麼會再考慮代表名望、地位、老闆的自然徵象星—太陽，以此作爲代表因子。當太陽所在位置甚爲理想，便象徵當事人會因此功成名就。

以下就來分享幾個事業工作方面的相關案例。

【案例一】本年度是否該繼續申請競爭此學術獎項？

◆ 時主星：火星，且為九宮主，代表學術上的競爭。

當事人代表因子：

◆ 第一宮為雙魚座：代表當事人個性浪漫懷有夢想，也較為與世無爭的性格。

◆ 第一宮主星木星在第六宮獅子座，具有外觀的尊貴力量：是位在工作上凡事親力親為的教授，教學有實力條件，但工作上要靠外在的成就與榮譽來彰顯他的表現，這與他本質的雙魚性格甚不相符，所以他處於茫然迷失的狀況，最緊密相位為土星的四分相，代表他工作認真卻容易自覺不足而心虛，也代表對所問事項沒有信心。

所問事項代表因子：

◆ 榮耀的代表宮位：第十宮為射手座，主星為木星，與當事人同主星，最與土星的四分相，代表他對所申請的獎項沒有信心。榮耀的代表徵象星太陽，落在第七宮，代表此榮耀是在競爭對手的手裡。

月亮的狀態：

◆ 月亮在巨蟹座對沖十一宮始點位置的冥王星，木星四分相十一宮主土星：當事人會持續申請此獎項，是有人情壓力，這些困難相位代表他很不想欠人情債。

當事人要申請一個國際學術權威的獎項，之前試了幾年都沒成功，本來想二○一四年是最後一次，不成功就不要再申請了，月亮的狀態說明了他能申請這個獎項，需動用相當好的人情資源，卻也難以承受如果

繼續失敗，欠下太多人情債，所以他已經決定這是最後一次了。

　　我判**斷**二〇一四年仍然獎落他人手上，因為可以四宮主來判**斷**最後結果，四宮主水星會合北交點在天秤座，六合MC，且旺點（由ASC起算，從太陽至牡羊十九度的距離）也在天秤座，榮譽的徵象星太陽移動到下一個星座可當作下一個年度，太陽雖入若，卻得到廟宮金星容納，屆時，時主星的火星到十七度與木星為正相位，且受到木星的容納，且

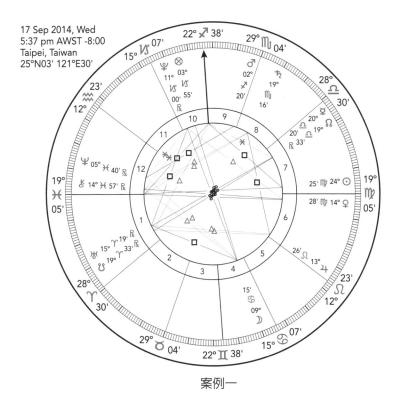

案例一

得到太陽（榮耀）與金星的六分相，太陽也容納木星；此時火星在MC
前約五度了，以火星估算差十五度，即為二〇一五年的十二月，此獎項
就是於每年十二月揭曉，所以我認為隔年希望很大，要他不能放棄，一
定要再試一次，最後他確實於二〇一四年落空，卻在二〇一五年得獎，
因此他親自再度拜訪我，贈送名貴紅酒作為謝禮。

【案例二】當事人詢問是否該離職？

◆ 日主星：火星
◆ 時主星：土星
代表因子：
◆ 上升星座為金牛座，當事人的代表主星為金星及月亮。第十宮始點
　落在水瓶座，所以公司的代表主星為土星，以及第十宮內的太陽與
　海王星。

　　這個當事人為大型美容護膚館的店長，有天突然來電，請我看一下
她是不是該離職？大家還記得卜卦盤判斷前的考慮事項，其中一項就是
先查看上升度數的所在位置，是否落在初度數或是末度數。這張卜卦盤
的上升度數落在金牛座二十八度十二分，只需一秒鐘的時間即可確定一
個重要訊息：她已經遞出辭呈了。一問之下，她才很不好意思地承認，
她確實已經遞出辭呈了，但之後突然擔心這個決定太過衝動，才於事後
請教我。

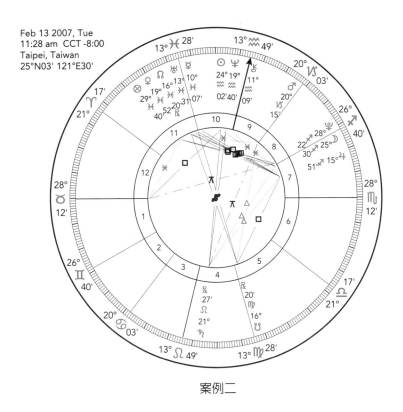

案例二

　　第十宮內見到太陽落陷於水瓶座，會合海王星。太陽是第四宮主星，同時第十宮主星土星也落陷於第四宮獅子座且逆行，太陽與土星的力量都不佳，又互相對沖，兩者都與ASC形成四分相位的刑剋。

　　還好見到第七宮內強而有力的木星落在射手座，分別與太陽、土星形成六合與三合的好相位。木星為第八宮主星，因此還有解救。這些徵象表示，這家公司雖然具有很高的社會知名度，但其實是虛有其表，

根基已被掏空敗壞。而且老闆好大喜功，對外粉飾太平，對內卻對當事人提出苛刻、不合理的要求，這就是當事人難以忍受而想離職的原因。這家只剩下空殼子的公司，因為懂得不實吹噓蒙騙，應該已經找到有財力的合資對象，欲挹注資金給這家搖搖欲墜的企業，讓這家公司一息尚存。

代表當事人的金星落在第十一宮內，金星位在旺宮雙魚座，力量甚佳，且會合吉祥的北交點，也跟落在旺宮摩羯座的火星六合，又與第七宮內的木星四分相，並得到木星容納。火星是第七宮主星，而第十一宮內也見到幸運點。這些徵象都代表當事人是美容與公關高手，對於客戶的服務積極有禮，所以幫公司帶進很多客戶，也完成大筆的業績。她對這家店的業績成長功不可沒，甚至新的合夥人願意入主這家公司，也跟她的表現有很大的關係。

天王星位在第十一宮，與木星形成四分相位。當事人的另一個代表主星月亮與冥王星會合在第八宮始點處，一同與幸運點形成四分相位，月亮離開射手座前最後完成的離相位是冥王星與幸運點。這些徵象表示，這家公司的客戶與業績隨著新的合夥人主導後，就會開始流失。而這個新的主事者卻認為，都是當事人帶走客戶以致業績流失，因而猜忌當事人。之後當事人轉換新的跑道，因為她與顧客的關係本來就較佳，所以客戶也自動跟隨她。老東家對她的猜疑與惡意毀謗，也隨著這些客戶而一一傳遍開來。但這家公司損人不利己的行徑，反而大大傷害自己的財源。

【案例三】當事人詢問應徵跨國企業，是否順利得到職務？

- ◆ 日主星：水星
- ◆ 時主星：水星

代表因子：

- ◆ 上升星座爲射手座，當事人的代表主星爲木星，第一宮內有冥王星，也是當事人的代表主星。應徵公司爲第十宮，落在天秤座，它的代表主星爲金星，以及靠近天頂（MC）的火星。因爲月亮落在第七宮，所以會以此代表競爭對手，而競爭對手的另一個代表主星爲水星。

當事人當時辭掉原本的工作，在海外遊歷半年多後才應徵這個新職務，並且通過分公司主管、總部高階主管的三次面試，靜待最後遴選的通知，因此來詢問能否獲得這項職務。

上升星座爲射手座，代表當事人的主星爲木星，逆行落在第一宮摩羯座，木星入弱的力量不佳。所幸看到土星落在處女座，三合於木星，並且容納木星，增加木星的力量。

另外，第一宮內也見到冥王星。這些徵象代表當事人的特質是喜好異國文化、擅長外文，表象很樂觀自信，但在自信的面具背後，其實缺乏信心，而且態度退縮反覆不定。好在她容易適應異國生活的困苦勞頓，這成了她應徵這份職務的主要優勢。而她對於這個問題似有疑慮，

不太相信自己能應徵得上。在某個程度上也可能代表，她雖然來請教我這個問題，但對於我的判斷似乎不太信任。

　　第十宮為天秤座，火星落在靠近第十宮始點處，落陷於天秤座力量不佳。金星為第十宮主星，落在第九宮處女座，也是入弱力量不佳。

　　再加上金星也是第六宮主星，被天王星對沖，與冥王星呈四分相

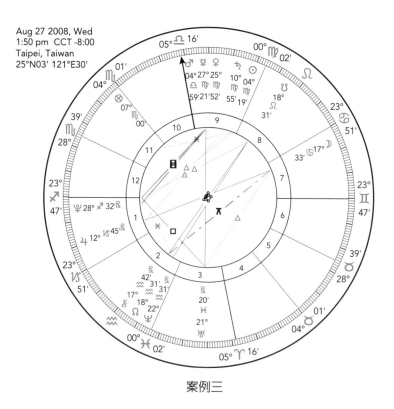

案例三

位，恰好形成三刑會沖的特殊相位。這證實這家公司的主業為廣告公關公司，總部設在海外，但是這家公司目前的經營版圖已在萎縮，面臨業績壓力，需要一番大幅的革新異動，特別是人員的裁減與重新佈局。在這樣的情況下，不太可能再擴增新的人員編制，由此可以判斷當事人難以獲得這份職務。

再以競爭對手的因子來判斷。第七宮為雙子座，水星為第七宮主星，落在第九宮處女座，會合金星，同時容納金星，卻與金星形成離相位的關係，也逢冥王星與天王星的三刑會沖。第七宮內見到月亮，入廟力量強，又對沖一宮內的木星。由此來看，競爭對手能言善道、聰慧敏捷具邏輯性，又懂得察言觀色，對方的實力與表現勢必勝過當事人。這個強而有力的競爭者，可以協助這家公司目前經營上的欲振乏力，但對方可能並不願意接受這份職務。

最後的結果是，這家公司因為面臨金融海嘯所帶來的危機，宣布暫時人事凍結所有待補的職缺，連帶凍結之前已經對外應聘的職缺。所以，當事人最後仍然沒有得到這份職務。

【案例四】當事人詢問事業未來應如何發展？

◆ 日主星：木星
◆ 時主星：土星

代表因子：

◆ 上升星座為獅子座，當事人的代表主星為太陽。另外，月亮也是當

事人的第二個代表主星。第十宮始點爲金牛座，金星爲事業名望的
代表主星。第六宮始點落在摩羯座，土星爲工作的代表因子。

當事人當時遇上事業的瓶頸，對於原本的工作已經顯得無心無力，
打算就此離職，卻又不知該往何方踏出下一步，於是向我提出這個問
題。

上升星座爲獅子座，代表主星太陽落在第六宮摩羯座。太陽會合
木星，而且與第二宮內的土星三合，同時與天頂（MC）形成大三角的
特殊相位。太陽又受到土星的容納，但卻是離相位；逆行的土星也是第
六、第七宮主星，太陽也與第八宮的天王星形成六合相位。第十宮主星
金星與南北交點形成四分相位，但爲離相位；金星也與土星形成四分相
位，但會先遇到幸運點的六合相位。

這些徵象代表當事人目前的事業確實遇上瓶頸，準備要離職。雖然
當下仍受困於現況，但對於未來仍然樂觀，打算自行創業。他也意識到
接下來的創業過程須辛苦努力，凡事不假他人之手親力親爲。他心中應
該已經有些盤算，也接觸過一些潛在的合作對象，而且反覆談過幾次。
這些合作對象應該都能提供資金與商品，幫助他創業成功。發展的產業
會與傳統製造產業有關。我特別留意土星落在處女座的徵象，而這個徵
象代表產品的類型。由於處女座與環境衛生用品有關，所以我當時判斷
他可能從事這類產品的生產。

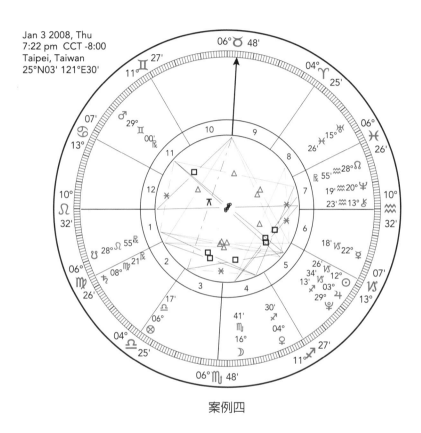

案例四

　　但第四宮內的月亮落陷於天蠍座，月亮也與第七宮內的海王星形成四分相位。這代表他內心仍然有所不安，應該是擔憂未來的事業能否讓他扛負家庭責任。當事人內心的擔憂，似乎容易受到潛在合作對象虛實不明的態度所欺瞞。還好第六宮內見到水星，落在摩羯座，與土星互容。水星同時是第二宮與第十一宮的主星。這些徵象表示這項事業的業務發展仍需辛苦開拓，還好客戶對於產品具有穩定的忠誠度，越難搞的

客戶反而越有商機，他也因此獲得穩定的收入。因為有這些徵象，因此前述的月亮只是代表當事人內心沒有自信或有所擔慮，不會因為月亮的狀態不佳而無法發展。

　　幾周後，當事人來拜訪我，告知他選擇與幾個夥伴合作成立公司，專營銷售碳粉匣回收清潔再填充的服務。土星代表的礦物為灰黑色的碳，落在處女座，所以具有清潔回收的徵象。處女座也代表沙土，相似於碳粉的徵象，符合這張卜卦盤的徵象。之後，他也面臨了合夥對象的混亂是非而更迭，還是他一人親力親為才讓事業平順地上軌道。至今，他的公司經營穩健，雖然辛苦，但他認為那是可預期的過程，完全甘之如飴，非常滿意現況。

【案例五】當事人詢問這個設計案是否能順利進行？

◆ 日主星：火星
◆ 時主星：木星

代表因子：

◆ 上升星座為巨蟹座，當事人最主要的代表主星就是月亮。另外，第一宮內的火星是當事人的第二個代表主星。第十宮始點為牡羊座，火星就是這個業主的代表主星，第十宮內的金星與水星，也是這個業主的主要代表主星。

　　這個當事人是業界相當資深的平面設計師。當時某家公司欲出版企

業刊物，邀請當事人操刀執行這本月刊的美術設計，而且是長期合作的案子，當事人當然爽快地答應。會談完不久剛好適逢過年春節，放完長假後對方卻音訊全無。當事人曾經去電一次，仍沒獲得正面答覆。他十分在意對方是否依約進行這個案子，於是向我詢問此事的狀態。

　　第十宮內有金星與水星，會合在牡羊座，但金星位於入陷的宮位，力量不佳。第十宮主星火星落在第一宮獅子座。火星雖然與金星及水星形成寬廣三分相位，並容納了金星與水星。這些徵象代表這個業主是家凡事求快、求效率的公司，案子的內容明顯與文字企劃與設計有關。但因為他們原本的設計雖能滿足速效，卻缺乏設計美感，所以業主主動找上當事人，正是因為當事人的設計風格頗有知名度，可以彌補業主的不足。

　　金星與水星都以較快的速度趨近火星，未來會形成正四分相位。以最靠近火星的金星來推算兩者間的距離，差了四度二十一分。因此我認為，這個業主自己會主動找他進行此案，推算會在四個多星期後開始這個設計案。卜問後沒幾天，他就接到對方的來電，確認五月一日會開始進行第一本刊物。其實，當問題的相關徵象已經明確顯現，只要針對相關資訊做說明即可。如同這個卦象的推演，只要確認案子會進行，而且也推斷出應期，即已明確回答當事人的問題，只是這件事的後續發展在卦象上，也有清楚地顯示。

　　上升星座是巨蟹座，月亮與太陽對沖，又與第六宮的冥王星刑剋。月亮落在第三宮天秤座，太陽為第二宮主星，入旺於牡羊座。自由業者

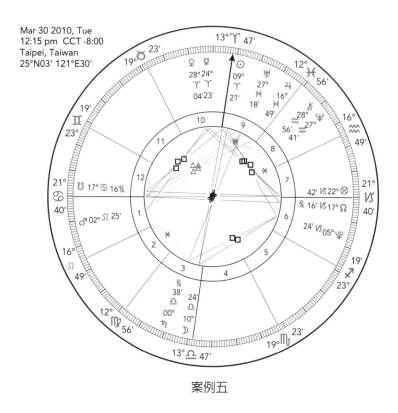

案例五

接案當然就是爲了進帳，我一定會看看他的收入好不好，能否拿到錢？以前述徵象來看，業主所給的稿費相當優渥，卻有折損暗樁，因爲業主下面某個員工暗中搞鬼所致。而我也提醒他，這個業主的員工心思複雜，說話溝通要多留意，不要被捲入其中無端惹是非。

　　前述的徵象在案子開始進行時即已呈現。年前談定的稿費於正式合作時，少了五分之一，當事人只好接受，收入折損暗樁的徵象即已顯

現。之後，當事人每月的稿費從未準時交付過，也從未每月一筆付清，總是分成數筆，在不定時的日期支付，他因此搞不清楚是否都已如數收得款項。與他接洽的經辦人員，甚至要求他提供不同人名的帳戶作為轉帳用。

一頭霧水的他回絕對方的無理要求，之後從其他離職員工的口中，聽到許多有關這個經辦人員的詭譎行徑，他都暗自放在心上。一直到稿費拖延到兩個月都未入帳，他才決定直接打去會計部查帳，竟發現經辦人員早已申請這兩個月的稿費並匯入他人帳戶。這個員工還以當事人的名義申請許多跟他無關的款項，這些錢當然還是落到別人的口袋裡。

幸好六宮主木星入廟在慈悲的雙魚座，又三合上升點（ASC）。會計部相信當事人的清白，盡全力幫他領取應得的款項，這個經辦人員的惡行就此曝光。不過，當事人與這家公司一年多來的合作關係也就此終止。這張卜卦盤所預測的後續發展，至此才真的功成身退。

【案例六】當事人詢問先生能否保住目前的工作？

◆ 日主星：土星
◆ 時主星：水星

代表因子：

◆ 詢問者是替先生提問，所以以第七宮作為當事人。第七宮始點為天蠍座，主星為火星，以及宮內的水星與金星。第一宮內的月亮反而代表憂心的太太。先生的事業名望為第七之十宮，所以是原本的第

四宮。第四宮始點落在獅子座，所以公司事業的主星為太陽，而宮內的火星也是第七之十宮的主星。

這個憂心的太太替先生詢問：先生在海外任職的公司高層內鬥得很嚴重，他被歸為較為失勢的那派人馬，另一派的直屬主管一直鬥爭他，

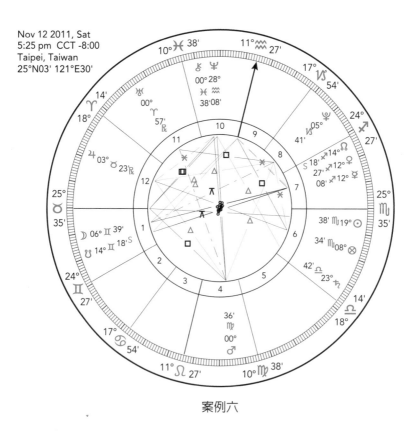

案例六

不知他能否保住目前的飯碗？

　　雖然詢問者是替他人詢問，但上升星座恰好會合凶恆星—大陵五的徵象，仍是重要的徵象。第七宮主星火星落在第四宮，且與上升點（ASC）與下降點（DSC）形成四分相位，又對沖海王星；且火星剛從獅子座轉換至處女座○度，火星也是第七之六宮（原本的第十二宮）的主星。四宮主太陽又落在第七之十二宮（原本的第六宮）。

　　幸好火星的刑剋相位都是離相位，前進的火星又見到木星與冥王星的大三角相位解救。同時，第七宮內的金星和水星、北交點，與第七之十宮（原本的第四宮）始點形成三合的吉象。這些徵象在在顯示，當事人的處境非常艱困，高層鬥爭直接拿他開刀，直屬上司就是暗中小人。上司要砍他頭的徵象非常明顯，而且這個動作早在進行當中。

　　所以在問卦前，當事人所帶領的整個部門人員都被高層惡意辭退，只剩他一人。現在當事人也已從原本自視甚高的態度，轉為謙卑做事不求表現。原本高層要求他一併離職，但因為暗中有貴人求情，讓他降職轉到其他的單位，才逃過死劫。

第 12 章

財務與交易卜卦案例

　　許多人在面臨大筆財務或商業交易的決定時，例如：購屋置產、股市基金交易、開店投資、甚至買賣車輛、設備、貨品、借貸等，固然都會收集資訊、掌握市場脈動，藉此理性評估交易的可行性。但深究自己的內心深處，多少仍憑著一些不甚理性的感情因素。當所有的資訊都攤在眼前，當事人會傾向揀選符合自己決定的內容，這番自我催眠的評估過程，仍冒著無法衡量的風險因素。

　　所以，財務與商業交易也是常見的卜卦問題。儘管我很少為與自己相關的事情卜卦，但當面臨較大金額的支出時，也免不了會以卜卦來作為判斷依據，以避免自己花了冤枉錢。

　　如果是一般買賣交易或是金錢借貸問題，判斷時主要以第二宮（自己的財物）、第八宮（他人的財物）來觀察這些代表因子是否具有好的

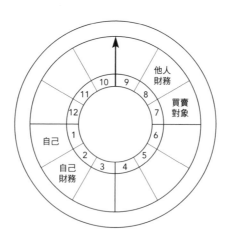

財務與交易的用事宮位

力量、不受到傷害，以確認這個交易物件的狀態好壞，再來判斷自己是否能購得（或賣出）此財物；同時，也會觀察交易雙方彼此間的關係，以判斷交易過程能否順利，否則可能會衍生交易糾紛。如果詢問買賣車輛時，便要關注第三宮的徵象，檢查這個宮位的代表因子是否力量好、不受傷害，如果是，那麼即表示所購車輛的狀態良好。如果所詢問的是投資議題，當然要觀察第五宮的好壞，以判斷此投資是否暗藏風險。若詢問的是借貸問題，那麼就直接以第八宮來判斷能否順利借貸成功，或是判斷借貸金額的多寡。

我把房屋買賣與租賃放在下一章單獨探討。以下分享幾個財務與交易的相關案例：

【案例一】當事人詢問是否能與銀行成功協商債務？

- ◆ 日主星：太陽
- ◆ 時主星：水星

代表因子：

- ◆ 上升星座為水瓶座，而且第一宮內見到海王星，所以當事人的代表主星為土星以及海王星。另外，月亮也代表當事人。所問借貸的代表宮位為第八宮，宮內行星有金星、太陽、南交點、火星與水星，皆為此宮位的代表主星。

這個問題的提問者其實是我妹妹。她在多年前一直深受卡債困擾，

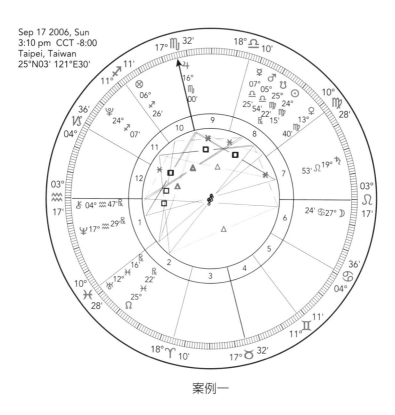

案例一

周圍的親友曾陸陸續續借了她不少錢，但這麼多年來，她的卡債就像個
無底洞般，一直無法償盡。她告訴家人的原因是：她經常被老闆苛扣接
案的業務所得，入不敷出的情況以致無法償還卡債，因此寄望能與銀行
進行債務協商。

　　當時觀察這張卜卦盤時，我有許多不解之處，儘管與妹妹所言不
甚相符，但是基於信任，我僅僅將這張卜卦盤當作練習案例，並未深入

探討不符合徵象的原因。直到寫這本書時，妹妹正面臨婚姻分居之際，我才透過家人得知，她的財務困境背後的真相。當我重新檢視這張星盤後，赫然驚覺天際星辰早已把她所掩蓋的事實揭露無遺。

　　在第二宮的天王星已直接顯示她的收入不穩定，也代表這張卜卦盤確實符合根本性。但代表她的另一個更重要的主星土星，飛入第七宮，落陷在獅子座，與第一宮內的海王星對沖，而且與第十宮的木星①形成三刑會沖的特殊相位型態。而木星，又是第二宮的主星。

　　以上徵象皆表示，她更大的困境來自配偶。配偶愛面子和虛榮投機的性格，成了她的經濟負擔。她雖是透過接案維生，收入來源不穩定，但實際上的收入卻是順暢的，然而她的所得受卻到配偶的支配限制。她一直隱瞞有順暢收入的事實，也讓自己陷入信用不良的法律問題當中。

　　第七宮主星太陽落在第八宮處女座，會合南交點，與第十一宮的冥王星形成四分相位的刑剋，也對沖第二宮的北交點。而月亮，剛剛離相位的行星就是太陽。她先生因爲涉足複雜的職棒簽賭，因此造成財務上的重大損失，也讓她背負債務。她之所以想進行債務協商，其實是因爲先生所積欠的債務，而非卡債問題。

　　第八宮同時也見到火星與水星的會合，而火星與水星，都與幸運點形成六合相位。水星就是八宮主，火星爲三宮主，水星剛剛離相位於火星及幸運點。這代表不久前，她才透過手足與同學的金錢資助，解決了部分債務的燃眉之急。但因爲火星的力量不足，所以這些金錢僅是杯水

車薪。而在第八宮內，也見到金星與木星形成六合的好相位，但金星也與天王星對沖，不過好在是離相位。金星是第九宮的主星，這表示她可以透過法律的途徑來緩解債務壓力，但由於金星的力量不足，所以助益仍然有限。

　　這張卜卦盤呈現了月亮空虛的狀況，土星也剛好落在第七宮。我當時在判斷前並未考慮清楚，其實這些徵象代表，她自己對於所問事項的動力不足；而代表占星師的第七宮，也呈現可能誤判的徵象（土星入第七宮），而且土星受到第一宮的海王星對沖，誤判的主因是當事人的欺瞞。整張星盤的尖軸（上升、下降、天頂、天底；參見第一三二頁圖）都是落在固定星座，而且上升度數僅在三度的位置，表示這件事的影響力將會持續甚久。

　　直到現在，當她決定離婚後，全家人才知道妹妹多年來一直掩蓋配偶的債務缺口，以她原有的卡債作為藉口，持續向經濟並不寬裕的家人借錢，以支應先生的債務。但面對一直提供她最大援助的家人，她迄今不願坦承自己對家人所造成的傷害。

　　生命最大的陰影通常不是困境本身，而是內心願不願意直視困境。有些人選擇勇於面對黑暗中的陰影，因此發現看似毒蛇的影子竟只是一條草繩而已。至於那些選擇逃避的人，最後就任由陰影在心中逐漸擴散，成為吞蝕心靈的魔障。所以能否從困境脫離，關鍵在自己是否有直接面對困境的勇氣。

◆ 日主星：火星
◆ 時主星：金星
代表因子：

◆ 上升星座爲摩羯座，所以當事人的代表主星爲土星。另外，月亮也代表當事人。欲購買的寶石原礦以第八宮來代表，第八宮落在獅子座內，太陽即爲寶石原礦的代表主星；第七宮則爲賣家，落在巨蟹座，月亮爲賣家的代表行星。

　　起這張盤的當晚，友人緊急來電兩次，終於找到我。她語氣異常興奮地問我，她可否收購這批原礦寶石？

　　上升星座（摩羯座）的主星土星飛到第八宮（很接近八宮始點），土星同時也是第二宮（水瓶座）的主星，位在獅子座爲落陷，力量不佳。土星雖受到八宮主太陽的容納，但太陽爲外來的，力量並不好。我將第八宮視爲這批礦石的代表宮位，因爲她要向第七宮的賣家收購（第八宮是第七之二宮，代表賣家名下可流通變賣成金錢的物品）。我判斷友人雖然擔憂這項投資能否獲利，可是她已動了心念，想投機試試手氣，然而手上的資金並不足夠，不過對方願意配合和協商。重要的是，這批礦石的價值並非如對方所吹噓得那麼好。

　　七宮主爲月亮在金牛，與金星互容，金星又是第七之十宮的主星，

飛入第七之十二宮內。月亮離開星座前最後一個入相位的行星是太陽，同時見到二宮內的海王星與八宮內的土星，與五宮內的太陽（金牛座二十四度二十二分，很接近五宮始點金牛座二十五度五十分）形成三刑會沖的特殊格局。五宮始點還見到凶恆星—大陵五（西元二〇〇七年的位置為金牛座二十六度十五分）。還好見到第十二宮內的木星（射手座十七度二十九分，很接近十二宮始點射手座十九度十三分）與土星形成三合相位，來解救土星。賣家一直都在經營貴重寶石的事業，而且有很

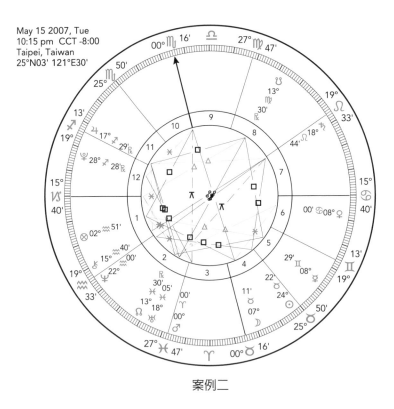

案例二

多暗盤交易的機會，但賣家的財務已經出現問題，所以想矇騙友人來購買承接。可怕的是，對方蓄意設下騙局來砍殺友人，幸好有暗中貴人或玄祕的力量在救助友人。

　　她當晚聽到我的解盤後，就大笑出來，直說我一定要把這張星盤當作教學案例。賣家是透過友人的共修師兄介紹認識的。賣家的事業經營狀況正如我所推論，手上有一批上等的藍寶原礦，因為貨到尾款不足，亟需找人合資，甚至願意折價出售。友人因為有熟識的師兄在中間引薦掛保證，因而躍躍欲試。這批貨即使聲稱已折價了，但索價仍甚高，她一時沒這麼多資金，所以才打算來募資承購。

　　我提出幾個疑點：如果賣家原本是獨自進貨，何以未先準備充裕資金，卻待貨品到位後，才因資金不足而斷尾求生，這不符合精明生意人的行事原則。友人師兄雖然是值得信任的好人，但他本業並非從事原礦採購。為何賣家不放消息給同行，卻放消息給師兄，再由師兄轉介友人，又要求買家隔天必須做決定，無法有思考的空間？

　　友人雖然認同我的解盤分析，卻還不斷提出質疑：「萬一這批貨真的很棒？」「我已經想好要如何去行銷了耶！」在在顯示她的土星落在獅子座：又擔心又想投機的矛盾心態。我為了搖醒她只好使出殺手　，開玩笑地說：「妳在天國的父親剛剛發簡訊跟我說，他要妳做生意不能貪急！要切記啊！」她聽完驚訝不已，因為她父親生前確實常教誨她此事。沒想到自己脫口而出的玩笑話，竟然一語點醒她。只能說十二宮的木星確實在關鍵時刻出手，讓我福至心靈感應到這句有力的話語。

　　次日，她去賣家處赴約驗貨，停好車正要進門前，被一個熟識的玉雕師傅攔下。師傅剛從賣家處離開，正好看見好友在停車，趕緊折返攔下她。他要她先聽他幾句話再進去，他已經摸過這批礦石，以他幾十年的經驗，這些都是劣質品。這批貨最優質的玉礦早已被賣家挑走，劣質品完全不值錢，所以賣家不敢找熟識的同行收購。玉雕師傅擔心她受騙，趕緊提醒她。又是一個藏在暗處的貴人適時出現（也就是十二宮木星逆行的徵象），讓她避開這次投資風險。

【案例三】NBA的冠軍賽會由哪一隊勝出？

◆ 日主星：火星
◆ 時主星：太陽
代表因子：
◆ 西區隊伍為金星，東區為火星與木星。

　　正當全球皆為林書豪瘋狂之際，即使像我這種不熟悉NBA賽事的臺灣人，現在只要曾與林書豪、尼克隊交手過的NBA球隊與知名球星，突然都如數家珍起來，成為尼克中華隊的忠實球迷。為此書整理案例時，也恰巧搭上這股風潮。去年我曾為學生起卦，成功解答二〇一一年美國NBA籃球賽的冠軍隊是哪一隊，在此分享這個案例。因為他是為了投注彩金而詢問的，所以這個問題是屬於第八宮的問題。

　　他當時詢問的方式僅是單純地想知道，代表東西區的兩隊哪一隊會

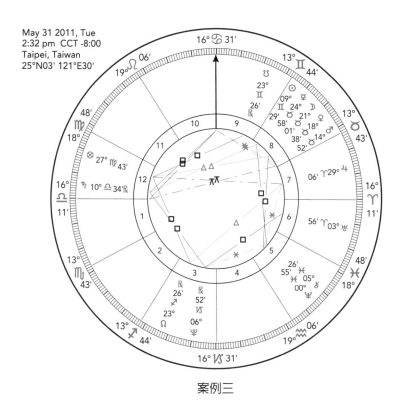

May 31 2011, Tue
2:32 pm CCT -8:00
Taipei, Taiwan
25°N03' 121°E30'

案例三

勝出。以一般詢問賽事的經驗而言，他支持的隊伍會以第一宮為代表，
對手就是第七宮。但是學生又說，他並非兩隊的球迷，純粹只是想知道
誰會贏。若詢問者沒有特定支持的對象，此時，通常會以第一宮來代表
地主隊，第七宮代表客隊。

　　偏偏這次比賽是由兩隊輪流擔任地主隊來進行，也不符合上述的
情況。還好，因為兩隊分別為東西區的盟主，於是我以起卦時刻星盤的

ASC與DSC的所在星座，來確認兩者的方位，再去決定彼此的代表宮位。這樣的判斷方式，就不在一般教科書所教授的用事定宮原則中，而必須透過占星師的經驗值去靈活運用。起出這張盤後，我發現這真是心意虔誠的一張盤：ASC落在天秤座，恰為正西方，DSC則落在牡羊座，恰為正東方，不偏不倚決定了雙方的代表宮位。

　　這整張卜卦盤的行星明顯地集中在第八宮，這個宮位代表相當容易得到不勞而獲的錢財，由此可以明顯看出，詢問者的詢問動機是想簽注運動彩。

　　有趣的是，當我們決定第一宮為NBA的西區冠軍隊，由於這個宮位是空宮，所以要以第一宮主星金星當作西區冠軍，金星就落在金牛座，而這個隊伍的中文譯名恰好為小牛隊。以第七宮作為東區冠軍，第七宮落在火星所主管的牡羊座，又見到擴張自信的木星落在第七宮內，東區隊伍的中文譯名恰好為熱火隊，兩隊的名稱完全符合兩個宮位與宮主星所在星座的徵象。

　　小牛隊主星金星落在金牛座，是金星入廟力量最強的位置，又會合其第十宮（名望宮）主星月亮；月亮落在金牛座，也是入旺力量甚強之處，兩者形成互容的關係；月亮與金星又同時與第十二宮的幸運點形成三合相位。可見得小牛隊雖然不是爆發性強的隊伍，甚至比賽節奏速度較慢，但是忠誠度高、默契佳，將表現出穩紮穩打的組織戰，且有機會後來居上以黑馬之姿勝出，幸運之神冥冥當中是站在小牛隊這一方的。

　　反觀熱火隊，由第七宮的牡羊座所代表。木星落在第七宮內，但是木星已在二十九度的星座末度數；且第七宮主火星落到金牛座，是入陷力量甚差的位置。代表熱火隊名望宮位的第四宮（第七之十宮），宮內為空宮，所以第四宮主星土星代表熱火隊的名望。

　　土星雖然入旺，又得到太陽的三合，太陽又會合皇冠恆星─畢宿五，但土星卻落在傷害最大的第十二宮，土星逆行，又與天王星、冥王星形成三刑會沖的特殊相位型態。以上徵象皆說明了熱火隊是支年輕有活力、速度快、爆發力強、競爭力高的隊伍，是上一屆的冠軍隊伍，看好度甚高，所以信心滿滿。但是熱火隊的攻擊爆發力會快速滑落，逐漸見到疲態，後勢難以發揮力量，卻自信過頭而失誤連連，以致於難以挽回頹勢。

　　比賽的進行方式是以七戰四勝制來決定冠軍獎落誰家。第一場由熱火隊率先獲勝，前四場在雙方互有優勢的拉鋸戰後，小牛隊又連贏了第五、第六場。小牛隊在不被看好的情勢下，憑著組織戰力和毅力奪冠。當然，強旺的第八宮也讓我的學生贏得了彩金。

　　前述的月亮與金星又同時與第十二宮的幸運點形成三合相位，第十二宮也代表著慈善，幸運點在這裡是為善不欲人知。所以從星盤也可看出，他確實有這個心意，想將第八宮所獲得的意外之財捐出行善。只能說，一切都是天意啊！

【案例四】當事人詢問是否轉換公司登記營業項目？

◆ 日主星：月亮
◆ 時主星：太陽

代表因子：

◆ 上升星座爲射手座，所以當事人由木星作爲代表行星。第一宮內的
北交點，還有月亮，也是當事人的代表行星。

選擇這張卜卦盤作爲案例，是爲了說明占星師可以如何與當事人
討論問題的重點。當事人經營護膚美容沙龍，也同時具有整形醫學的執
照。他想把原有的護膚沙龍營業項目轉而登記爲整形醫學診所。這樣的
詢問方式對於當事人來說，已經很具體了，但是對我來說卻未必如此，
因爲我並不清楚這樣的轉換對當事人來說，最大的差別在哪裡，以致他
會擔心潛在的風險而請我卜卦。

占星師不可能熟知每個行業的專業領域，我們必須虛心求教當事
人，才有助於做星象分析。因此我轉而請教他，他詢問這個問題的背
後，其實在意的癥結點是什麼，如此一來，我才能判斷用事宮位。他回
答這項變更會增加每月十多萬元的固定支出，所以他要確定未來的營運
盈收可以支應額外的支出。由此可知，這個卜卦盤眞正需討論的是第二
宮（收支）與第十一宮（營運狀況）徵象。

第一宮始點落在射手座，主星木星落在第五宮牡羊座，但落在星座

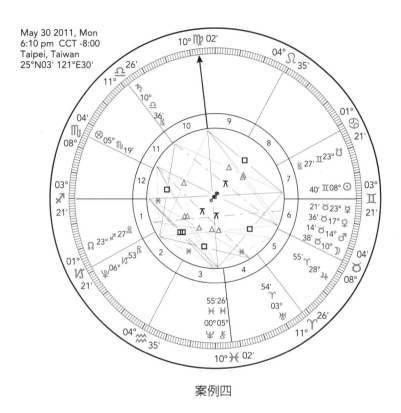

May 30 2011, Mon
6:10 pm CCT -8:00
Taipei, Taiwan
25°N03' 121°E30'

案例四

末度數。第九宮始點為獅子座，太陽為第九宮主星，落在第七宮，並與海王星形成四分相位的離相位。這表示，當事人確實認為這是個法律問題，他對於這樣的轉變非常有信心，但其實也隱藏了一些疏漏，當事人可能想鑽法律漏洞。不過，主事機關會追查這項法律疏漏，甚至會以訴訟作為手段。

月亮、火星、金星與水星等群星都聚集在第六宮，月亮入旺在金

牛座，力量甚佳，又與第二宮內的冥王星、天頂（MC）的位置形成大三角的特殊相位型態，但是月亮爲離相位。第二宮始點爲魔羯座，宮主星爲土星，落在第十一宮天秤座，爲入旺的位置，又與太陽形成三合相位；但是土星逆行，又刑剋第二宮內的冥王星，並與天王星形成三刑會沖的特殊相位型態。可見得他原本的護膚美容經營已經上軌道，並且獲得穩定踏實的收入，但並沒有高利潤的空間，所以他打算透過營業項目的變更來增加所得。但我判斷，變更後的營業所得僅是持平，甚至會先倒退一段時間，會有突然出現的店面開銷變動成本，加上已知的增加的固定成本，所以這項變更並不會爲他帶來甚高的利潤，反而會增加成本支出。

注釋

① 本書第二章〈卜卦占星的十二後天宮位〉有提到：行星坐落的位置如在某後天宮位宮始點的前五度內，即可看成位於這個宮位內。所以，儘管星盤上看到木星落在第九宮，但是木星所在的天蠍十六度與第十宮的起始點（天頂）天蠍十七度三十二分，兩者只有一度左右的差距，因此可以將木星看成是位於第十宮內。

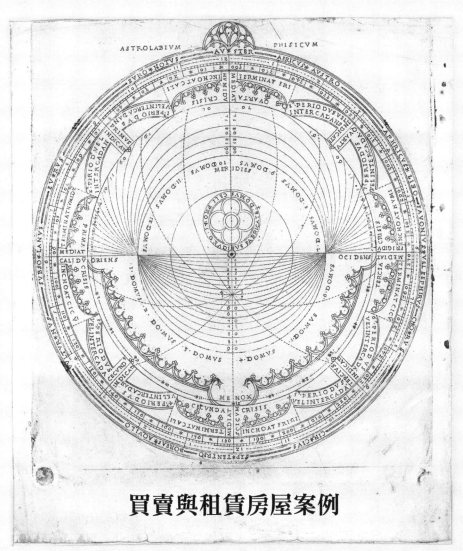

第 13 章

買賣與租賃房屋案例

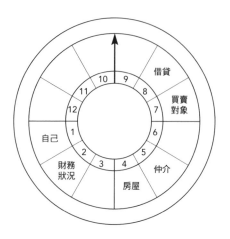

買賣與租賃房屋的用事宮位

　　本章將接續前一章所討論的相似主題。這裡主要會針對買賣或租賃房屋等事項做討論。相當熟悉和接受陽宅風水觀念的中國人，都相信店面或住家的方位好壞與否，直接關係著居住者的生活品質、健康、家庭關係、財富狀況。因此，一般大眾在置產或遷居時，總不免徵詢陽宅老師的意見，以求得心安。但在尋找合適的標的物的過程中，請陽宅老師針對每間列入考量的房屋逐一詳查評比風水好壞，程序可能較為繁複。如果透過卜卦占星直接起問，就可以較快過濾出適合的標的物，以及買賣過程的可能狀態推演。

　　買賣房屋或租賃房屋，或是投資開店、辦公室地點等，這類問題都是以第四宮作為主要的代表宮位。觀察此宮位的代表主星如果力量好，未受到傷害，即表示房屋的狀況良好。同時也要判斷第二宮的代表主星

是否具有好的力量，以表示當事人有能力負擔房屋款項。或是，第四宮能否得到第八宮行星的幫助，如果可以，即表示當事人可以透過貸款來支付房屋款項。如果是租賃開店，更需要判斷第二宮與第四宮之間有沒有好的關連，才能確認投資此店面能否獲益，否則租賃投資店面可能是超過負荷的負擔。買賣房屋時，通常會判斷買賣雙方關係的好壞、是否會產生交易糾紛。此時，必須觀察第一宮（當事人）與第七宮（買賣的對象）的關係好壞。而現在，房屋交易大多會交由仲介出面溝通協商，此時，會以在兩者之間傳遞光線的行星，或是第五宮作為仲介的代表宮位。

以下所列是買賣與租賃房屋的案例：

【案例一】賣屋擇時案例

◆ 時主星：月亮，落在代表價格的第十宮，為固定星座，入旺。

當事人代表因子：

◆ 第一宮為獅子座：為當事人本命星座。

◆ 第一宮主星太陽在第四宮天蠍座：符合本事件房屋買賣的宮位，為外來的。

所問事項代表因子：

◆ 買方的代表宮位：第七宮為水瓶座，幸運點在此，代表要讓整個事件過程去找到買方。

◆ 七宮主星為土星，落在第五宮，常會以此宮位代表仲介，土星在射手座，所以代表仲介不只一家。

月亮的狀態：

◆ 月亮入旺在金牛座第十宮，代表高價且價格不易波動，月亮在金牛
座的最後一個相位係對沖太陽。

在占星的幾個學派中，本命占星是許多人開始接觸占星的第一門學派，我們透過本命星象的位置理解自己是誰，再來，很多人會開始學習卜卦占星，透過客觀環境的因子交織看到事件的演變，這是卜卦占星的功能，但實際從歷史的發展，卜卦占星其實是另一個古典重要學派的化身，亦即擇時占星（Electional Astrology）。戴克博士一本重要的擇時占星書籍，他刻意命名為：選擇與開始（Choice and Inception），書名即顯示出擇時的藝術在於為某個行動選擇一個開始的時間。

這項藝術的應用本身即有很多考量，重要的因子：月亮、太陽、選擇事項代表因子處於好的狀態，所謂好的狀態就是有尊貴力量，在好的宮位位置，不受凶星傷害，且盤上的凶星不要太強。但因為待擇時的事項都會有時間上的限制，實際上不可能選擇完美的天時，所以占星師不可能讓天時地利人和的情況出現，我們依照輕重去衡量優先順序，並盡力選擇在有限制的條件下的最佳時間。此案例為我實際為一個賣屋擇時案例的成效，再次展現占星在實際生活的效用。

以本例來說，上升主星太陽已經落在房屋代表事項宮位：四宮，雖是外來的，但反而符合當事人賣屋的徵象：亦即此房屋不再是他所在的住所。月亮選擇入旺在金牛座，並落在活躍顯著的第十宮，代表房屋

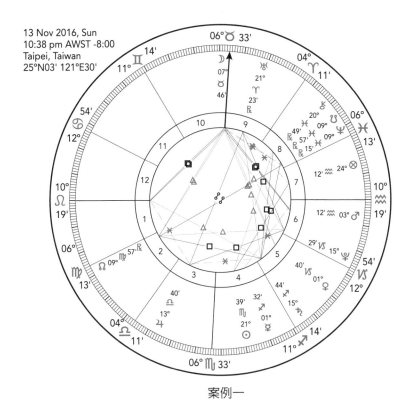

案例一

價格的宮位，因爲當事人爲賣方，所要讓價格穩定（固定星座）且高價
（入旺）。

　　當日月決定後，幸運點也隨之決定，落在第七宮，即爲買方的宮
位，這也是本案例的重要主題：讓七宮的幸運點能創造契機出現買方；
但幸運點的定位星土星是較有瑕疵之處，落在第五宮，此宮事項實務上
常會跟仲介有關，土星在雙元射手座，會有兩個仲介，即使上天安排出
現契機，仲介也還是會造成礙事的角色，但此時的星象恰好有第三宮的

木星與土星緊密六合且互容，即使有阻礙，也能因為訊息幸運順利地傳播到對的人身上而無礙。

我選擇讓月亮入在其旺宮、同時也是夜間盤的三分性位置，且仍在增光的位置，但我讓她入相位對沖四宮太陽（與房屋分離），且入相位幸運點（找到買家），為了符合前述的選擇，火星無可避免地會與月亮四分相，為了避免交易的爭奪，讓火星下降在地平線下的果宮而無力，且月亮離相位於火星，讓火星不會在未來事情發展時產生干擾。火星另有緊密相位，為水星的六分相。這張星盤水星為入陷在第五宮，且活躍於始宮，與土星同宮，狀況較不佳，干擾較大，容易顯示在仲介的交易資訊上，過於浮誇盲目樂觀卻忽略細節，表面積極卻表裡不一。基於其他的主要徵象以及時間限制範圍，雖然有些干擾會存在，當下已是考慮各方面的最佳選項。

應期：此擇時盤的月亮與太陽相距約十四度的入相位，事件應會在十四個時間單位產生，當然，事實上當事人可接受的時間單位應為「週」，本擇時的日期為二○一六年十一月十三日，確定賣出日期為二○一七年二月七日，少於十三周，因為月亮當時的運行速度為一天十五度，比平均運行時間較為快速，所以擇時盤真實產生成效的時間比預期更為快速。

當事人的真實回應：

這幾年我都有找Cecily看流年的習慣。流年中可以看到我這一兩年

其實有點不順，而現實生活中也的確，舉凡幫小孩找學校、租房子甚至買房，都多多少少遇到一些不小的麻煩。所以當臺北的房子要賣時，我內心有個聲音說:「這件事還是請Cecily幫忙看一下好了。」。

Cecily很用心地幫我選擇了一個好時間。我們同時跟A、B兩家房仲業者合作，事先都跟他們說好，物件先不上網，要等擇時的時間一到，再公開對外公佈物件。結果A房仲因作業疏失，提前好幾個禮拜便將物件上網了，還是我們自己發現的。遇見這麼離譜的事情，我們連生氣都不想了，只能說這真的是命啊!原本想要放棄了，後來抱著一點聽天由命的心情，還是請B房仲在約定的時間對外公開物件。

房子賣了幾個月，A房仲非常用心努力的帶了好幾組客戶去看房子，但是客戶出價根本無視行情亂出，房仲也一心只想砍價，希望快快成交，搞到我們心情都很煩躁。B房仲沒有那麼積極，但是至少和我們的摩擦不會那麼大。

房子賣了幾個月，我們都開始失去耐心時，在出現成交徵象的那個月份，B房仲帶的一組客戶居然一下子便出到我們覺得很滿意的價格，中間沒有任何囉嗦，可說是雙方都很開心滿意的一次買賣。更神奇的是，其實買方一開始是先找A房仲，想請他服務，但A房仲沒接到電話，結果便錯失了這一次成交的機會。於是買方又主動找到B房仲服務，簡直能說B房仲完全不費吹灰之力便完成這筆成功的交易。我想這就是擇時占星的魔力吧?

【案例二】當事人能否將辦公室遷租至一樓店面？

◆ 日主星：水星
◆ 時主星：木星

代表因子：

◆ 上升星座爲牡羊座，所以當事人的代表主星爲火星。原本月亮也代
表當事人，但因爲第四宮始點落在巨蟹座，第四宮的主星就是月
亮，所以會將月亮作爲舊居租屋的主星。詢問遷居時，舊居的代表
宮位爲第四宮，新居的代表宮位爲第四之四宮，即爲第七宮。此處
第七宮主星爲金星，即爲其代表行星。

　　這是一個很容易判斷的案例，而且所象徵的狀況都與事實相呼應。
當事人本來就在考慮遷居辦公室，原本承租的辦公室同棟大樓的一樓剛
好張貼出租啓事。他很急切地問我，是否有機會租到一樓店面。從上升
星座爲牡羊座，代表主星火星恰好飛入第七宮內，便可看出他當時的心
態相當急切，非常希望租到這間店面。

　　我們先來分析他原本舊居的徵象。第四宮主星月亮落在第十二宮
雙魚座，月亮離相位於一宮主火星，並且已入相位會合至天王星。由此
可知這間房子相當潮濕，而且陰暗受困，或是出入不方便，因此當事人
早已想搬離這間舊的辦公室。代表新居的主星爲金星，落陷在天蠍座，
且被太陽所焦傷，好在是落在自己的宮位（金星是七宮主，又落在第七
宮內）。第七宮內共見到三個行星，一個是代表當事人的火星，一個是

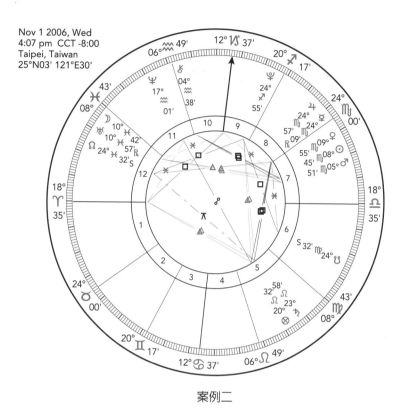

Nov 1 2006, Wed
4:07 pm CCT -8:00
Taipei, Taiwan
25°N03' 121°E30'

案例二

代表新居本身的金星，另一個則是太陽。火星與太陽的速度都趕不上金星，所以金星與太陽及火星，都是離相位的關係。這代表新居本身坐落在相當好的區域位置，事實也證明，就是位在主幹道大樓的一樓，但是有低窪積水等問題，實際上屋況不是太理想。當事人非常積極想爭取，但早在當事人出手前，就有另一個競爭對手已經表示有意承租。後來，這間房子的屋主突然把出租啟事撤下，換成賣屋啟事。最後，兩組人馬都沒有洽談成功。

【案例三】當事人詢問是否將遷租至同社區的另一戶房屋？

- ◆ 日主星：木星
- ◆ 時主星：水星

代表因子：

- ◆ 上升星座爲雙魚座，所以當事人的代表主星爲木星與海王星，月亮也代表當事人。第四宮代表舊居，故舊居（雙子座）的主星爲水星，與代表新居的七宮主一樣，也是水星爲代表行星。另外，第七宮內的金星與太陽，也是新居的其他代表主星。

這是一個有趣的案例。因爲所問問題與後續發展完全是風馬牛不相干的情況。一開始就見到上升位置落在雙魚座〇度四十七分，符合了「判斷前的考慮事項」當中的一項：上升星座落在非常前面的度數。還記得前文提到這個情況可能會有的徵象是：這個問題跟後續的發展根本就文不對題。這個案例的後續發展確實符合這項判斷。

當事人想搬到較爲寬敞的住所，剛好在同一社區內見到這間房子正在出租，考慮到搬至同一社區其他住處較不費事，所以請我起卦，看看這間房屋是否適合他？第七宮始點落在處女座，金星與太陽都落在代表新居的第七宮。七宮主水星同時也是第四宮的主星，水星應該代表的是同一社區內的情況，所以這裡主要要討論的是，金星與太陽都入相位於代表當事人的木星。前述徵象代表這間房屋整潔舒適，空間寬敞，採光佳，卻沒有美觀的裝潢，但對於當事人來說，已是令人滿意的屋況。

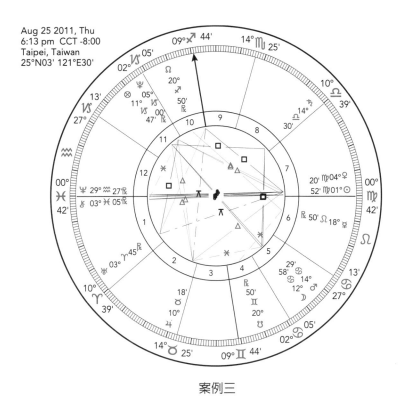

Aug 25 2011, Thu
6:13 pm CCT -8:00
Taipei, Taiwan
25°N03' 121°E30'

案例三

　　二宮主火星入弱於第五宮的巨蟹座，又受到第八宮的土星以四分相位刑剋，好在火星受到六宮主月亮的會合與容納，也與二宮內的木星形成六合相位，並且得到木星的容納。這些徵象皆說明這間房屋將為當事人帶來大筆的支出，甚至容易支付較多的金錢在交際應酬上。所幸當事人本身財源豐厚，工作機會也多，還能應付財務的相對支出。由此徵象應可判斷：這是一間值得承租的房屋。但是上升點〇度的徵象，讓我不禁懷疑當事人在想法上可能有些盲點。從他的意念出發所呈現的這張卜卦盤，徵象是如此美好。我開始判斷上升星座的另一個主星—海王星。

在十二宮的海王星十分靠近ASC可能代表當事人精神昏沉，受鬼魅操控，因而產生盲點。我直接詢問當事人，最近身邊是否有發生奇怪的靈異現象？

　　他驚訝不已。因為他前幾天剛從臺中旅遊回來。在臺中時，全家在一間六星級的汽車旅館過夜，晚上所有的人都感到一股陰寒的氣息。直到返回臺北，仍覺得家裡有種揮之不去的刺鼻尿騷味，而且在不固定的位置四處瀰漫著，即使已經打掃消毒除臭，也久久無法散去。我聽完，心知這確實是海王星的鬼魅現象。於是，我就請他先去廟裡拜拜除障，再來考慮房子的事。

　　沒想到他從龍山寺拜拜完回家後，竟驚見門口的羊毛腳踏墊上，有個清晰可見凹陷在羊毛纖維當中的巨大鞋印。由於他不可能穿鞋進門，腳印也比他自己的腳來得巨大，這絕不是他自己留下的腳印，當下又從踏墊上聞到刺鼻的尿騷味。這回，他非常肯定這個味道更像是屍臭味。他趕緊丟棄昂貴的羊毛踏墊。當然，他已經完全不想房子的事了，只希望趕緊恢復不受鬼魅打擾的生活。

【案例四】當事人詢問能否購買此房屋？

◆ 日主星：土星
◆ 時主星：火星
代表因子：
◆ 上升星座為獅子座，所以當事人的代表主星為太陽，月亮也代表當

事人。欲購買的房屋直接以第四宮爲代表，由於第四宮始點落在天
蠍座，所以四宮主便以火星與冥王星爲代表；第四宮始點又見到土
星，這些都是房屋的代表主星。

當事人與哥哥正在尋找適合投資的中古屋，正好看到這間房屋，頗

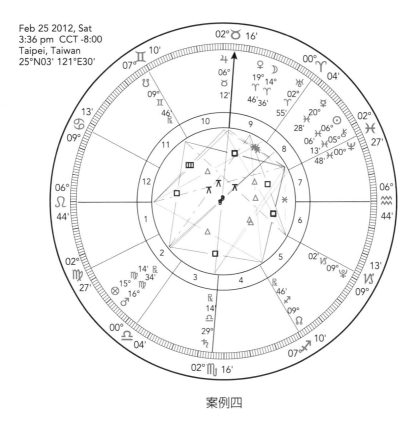

案例四

符合他們的需求，於是請我起卦詢問能否買下此屋。剛好上升星座為獅子座，就是投資的代表徵象，而第四宮始點又見到土星相當靠近，土星也就是老舊的中古屋徵象。

土星雖然入旺在天秤座，但因為逆行、落在末度數而降低了土星的力量，又與海王星形成緊密的三合相位。四宮主火星落在二宮處女座，也見到逆行，與八宮內的水星對沖；未來火星更會以入相位的關係，與上升主太陽緊密對沖。第四宮的另一主星冥王星，則落在第六宮魔羯座，處女座與魔羯座皆為土象星座，處女座更是代表砂土。

由上述徵象可以判斷，這間房屋的屋齡甚高，而且天花板處有損壞漏水的問題，更重要的是，磚牆的水泥結構有嚴重損傷。因此，我大膽判斷它可能是海砂屋，會產生反覆修繕的費用，而且無法取得較佳的貸款成數，讓投資者倍感壓力。

最後，他們請房仲詢問打聽，才知鄰近社區同一時期興建的房屋，確實都已經被列為海砂屋。此社區的房屋含氯量都超過標準，表示這間房子雖然尚未被列為海砂屋，但可能性甚高，屋主也準備送檢，以確認它是否為海砂屋。但當事人看到此卦象後，已決定不購買此屋了。

【案例五】當事人詢問可否承租此店面經營餐廳？

◆ 日主星：火星
◆ 時主星：太陽

代表因子：

◆ 上升星座為天秤座，所以當事人的代表主星為金星，月亮也是當事
人的代表行星。代表房屋的第四宮落在摩羯座，宮內見到冥王星，
與四宮主土星同為第四宮的代表行星。

當事人經營餐廳多年，準備增開新的分店，尋覓多時而找到這間店

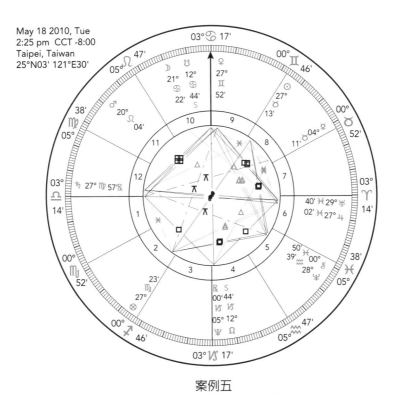

案例五

面，於是請我起卦，詢問能否租下這間店面。我先以第四宮的狀態來分析。四宮主土星落在十二宮處女座，又逆行；土星又與上升主金星、四宮內的冥王星、六宮內的天王星與木星，共同形成大十字的特殊相位格局。

這些徵象皆表示這間房屋的屋齡甚老，勢必有許多要修繕之處，甚至有嚴重的結構問題，需要大刀闊斧改裝，而且容易產生暗中是非及複雜的糾葛，或是會犯陰邪鬼魅，所聘用的人員也容易有突發狀況，會造成流動率高的現象。

這個卦象當然仍有其可取之處。月亮落在十宮內，入廟於巨蟹座，又與木星形成三合相位，又受到木星的容納，再與八宮內的太陽以入相位的關係形成六合相位。月亮容納太陽，太陽為十一宮主，同時與木星六合。從這些徵象可以判斷當事人在此經營，會相當順利成功，可得到高知名度，生意川流不息，但營業額多是落在房東口袋裡。也因為這個好徵象，當事人忽視我已推論店面本身的不良狀況，仍堅持租下此店面。

這間店面開始營業後，果然生意興隆、絡繹不絕。但不到幾個月後，因為原房東將房屋出售，由新房東承接。新房東直接以房屋將要進行都市更新為由，不繼續履行原租約，並要求當事人隔年四月搬離，使得當事人賠上此店面所投資的裝潢與設備，又求償無門。

參考書目

中文書籍：

1.《占星學》（上）（下），秦瑞生著，于天出版
2.《實用占星學》，秦瑞生著，于天出版

英文書籍：

1.《*Christian Astrology*》, William Lilly, Astrology Classics.
2.《*Horary Astrology: Plain & Simple*》, Anthony Louis, Llewellyn Publications.
3.《*Classical Astrology for Modern Living*》, J. Lee Lehman, Whitford Press,U.S..
4.《*Brady＇s Book of Fixed Stars*》, Bernadette Brady, Weiser Books.
5.《*Horary Astrology Rediscovered: A Study in Classical Astrology*》, Olivia Barclay, Whitford Press.
6.《*Martial Art of Horary Astrology*》, J. Lee Lehman, Bushwood Books.
7.《*The Horary Text Book*》, John Frawley, Apprentice Books.
8.《*On Reception*》, Masha＇allah, Edited and Translated by Robert Hand.

必然尊貴	加分	必然無力	減分
行星在自己廟宮	5	行星在自己陷宮	5
行星在自己的旺宮	4	行星在自己弱宮	4
行星在自己的三分性位置上	3	外來的	5
行星在自己的界上	2		
行星在外觀區間上	1		

偶然尊貴	加分	偶然無力	減分
在第1宮或10宮	5	在第12宮	5
在第 4、7、11宮	4	在第6、8宮	2
在第2、5宮	3		
在第9宮	2		
在第3宮	1		
除⊙、☽之外的行星順行	4	逆行	5
運行比平時快速	2	運行速度慢	2
♄、♃、♂東出	2	♄、♃、♂西入	2
☿、♀西入	2	☿、♀東出	2
☽增光	2	☽減光	2
未受太陽焦傷或光束下	5	受太陽焦傷	5
在太陽核心內	5	在太陽光束下	4
與♀、♃等分合相	5	與♂、♄等分合相	5
與☊等分合相	4	與☋等分合相	4
與♀、♃等分三合	4	與♂、♄等分對沖	4
與♀、♃等分六合	3	與♂、♄等分四分相	3
受♀、♃拱夾	5	受♂、♄圍攻	5
與軒轅十四(Regulus)等分合相	6	與大陵五(Agol)等分合相	5
與角宿一(Spica)等分合相	5		

威廉・里利必然與偶然尊貴計分表

國家圖書館出版品預行編目（CIP）資料

卜卦全占星【全新增修版】/ 希斯莉（Cecily Han）著
再版 · 臺北市：
商周出版：家庭傳媒城邦分公司發行，2017.11
256頁；17x23公分
ISBN 978-986-477-340-4（平裝）
1.占星術

292.22　　　　　　　　　　　　　101008594

BF6024

卜卦全占星【全新增修版】

作者 / 希斯莉（Cecily Han）
企劃選書 / 蔣豐雯、何宜珍
責任編輯 / 韋孟岑、鄭依婷
特約編輯 / 劉美欽
繪圖 / 吳佳琦、蔡惠如
版權 / 吳亭儀、江欣瑜
行銷業務 / 周佑潔、賴玉嵐、林詩富、吳藝佳
總編輯 / 何宜珍
總經理 / 彭之琬
事業群總經理 / 黃淑貞
發行人 / 何飛鵬
法律顧問 / 元禾法律事務所　王子文律師

出版 / 商周出版
115台北市南港區昆陽街16號4樓
電話：（02）2500-7008　傳真：（02）2500-7579
E-mail：bwp.service@cite.com.tw
Blog：http://bwp25007008.pixnet.net./blog

發行 / 英屬蓋曼群島商家庭傳媒股份有限公司城邦分公司
115台北市南港區昆陽街16號8樓
書虫客服專線：（02）2500-7718、（02）2500-7719
服務時間：週一至週五09:30-12:00；13:30-17:00
24小時傳真專線：（02）2500-1990；（02）2500-1991
劃撥帳號：19863813　戶名：書虫股份有限公司
讀者服務信箱：service@readingclub.com.tw
城邦讀書花園：www.cite.com.tw

香港發行所 / 城邦（香港）出版集團有限公司
香港九龍土瓜灣土瓜灣道86號順聯工業大廈6樓A室
電話：（852）2508-6231　傳真：（852）2578-9337
E-mail：hkcite@biznetvigator.com

馬新發行所 / 城邦（馬新）出版集團〔Cite（M）Sdn Bhd〕
41, Jalan Radin Anum, Bandar Baru Sri Petaling,
57000 Kuala Lumpur, Malaysia.
電話：（603）9056-3833　傳真：（603）9057-6622
E-mail：services@cite.my

封面設計 / 黃聖文　　內文設計、排版 / 蔡惠如
印刷 / 卡樂彩色製版印刷有限公司
經銷商 / 聯合發行股份有限公司
電話：（02）2917-8022　傳真：（02）2911-0053

2012年07月12日初版
2017年11月02日二版
2024年08月08日二版3刷
Printed in Taiwan　定價430元
著作權所有，翻印必究
ISBN 978-986-477-340-4

城邦讀書花園
www.cite.com.tw

FUTURE

FUTURE